Stories

Alexander Bestuzhev

Рассказы

Александр   Бестужев

Stories

ISNB: 978-1-60444-878-8

Рассказы

© Индоевропейских Издание , 2018

ISNB: 978-1-60444-878-8

СТРАШНОЕ ГАДАНИЕ

Посвящается Петру Степановичу Лутковскому

Давно уже строптивые умы
Отринули возможность духа тьмы;
Но к чудному всегда наклонным сердцем,
Друзья мои; кто не был духоверцем?..

... Я был тогда влюблен, влюблен до безумия. О, как обманывались те, которые, глядя на мою насмешливую улыбку, на мои рассеянные взоры, на мою небрежность речей в кругу красавиц, считали меня равнодушным и хладнокровным. Не ведали они, что глубокие чувства редко проявляются именно потому, что они глубоки; но если б они могли заглянуть в мою душу и, увидя, понять ее, - они бы ужаснулись! Все, о чем так любят болтать поэты, чем так легкомысленно играют женщины, в чем так стараются притворяться любовники, во мне кипело, как растопленная медь, над которою и самые пары, не находя истока, зажигались пламенем. Но мне всегда были смешны до жалости приторные вздыхатели со своими пряничными сердцами: мне были жалки до презрения записные волокиты со своим зимним восторгом, своими заученными изъяснениями, и попасть в число их для меня казалось страшнее всего на свете. Нет, не таков был я; в любви моей бывало много странного, чудесного, даже дикого; я мог быть непонятен, но смешон никогда. Пылкая, могучая страсть катится как лава; она увлекает и жжет все встречное; разрушаясь сама, разрушает в пепел препоны и хоть на миг, но превращает в кипучий котел даже холодное море.

Так любил я... назовем ее хоть Полиною. Все, что женщина может внушить, все, что мужчина может почувствовать, было внушено и почувствовано. Она принадлежала другому, но это лишь возвысило цену ее взаимности, лишь более раздражило слепую страсть мою, взлелеянную надеждой. Сердце мое должно было расторгнуться, если б я замкнул его молчанием: я опрокинул его, как переполненный сосуд, перед любимою женщиною; я говорил пламенем, и моя речь нашла отзыв в ее сердце. До сих пор, когда я вспомню об уверении, что я любим, каждая жилка во мне трепещет, как струна, и если наслаждения земного блаженства могут быть выражены звуками, то, конечно, звуками подобными! Когда я прильнул в

1

первый раз своими устами к руке ее, душа моя исчезла в этом прикосновении! Мне чудилось, будто я претворился в молнию; так быстро, так воздушно, так пылко было чувство это, если это можно назвать чувством. Но коротко было мое блаженство: Полина была столько же строга, как прелестна. Она любила меня, как никогда еще я не был любим дотоле, как никогда не буду любим вперед: нежно, страстно и безупречно… То, что было заветно мне, для нее стоило более слез, чем мне самому страданий. Она так доверчиво предалась защите моего великодушия, так благородно умоляла спасти самое себя от укора, что бесчестно было бы изменить доверию.

- Милый! мы далеки от порока, - говорила она, - но всегда ли далеки от слабости? Кто пытает часто силу, тот готовит себе падение; нам должно как можно реже видеться!

Скрепя сердце я дал слово избегать всяких встреч с нею.

И вот протекло уже три недели, как я не видал Полины. Надобно вам сказать, что я служил еще в Северском конноегерском полку, и мы стояли тогда в Орловской губернии… позвольте умолчать об уезде. Эскадрон мой расположен был квартирами вблизи поместьев мужа Полины. О самых Святках полк наш получил приказание выступить в Тульскую губернию, и я имел довольно твердости духа уйти не простясь. Признаюсь, что боязнь изменить тайне в присутствии других более, чем скромность, удержала меня. Чтоб заслужить ее уважение, надобно было отказаться от любви, и я выдержал опыт.

Напрасно приглашали меня окрестные помещики на прощальные праздники; напрасно товарищи, у которых тоже, едва ль не у каждого, была сердечная связь, уговаривали возвратиться с перехода на бал, - я стоял крепко.

Накануне Нового года мы совершили третий переход и расположились на дневку. Один-одинехонек, в курной хате, лежал я на походной постеле своей, с черной думой на уме, с тяжелой кручиной в сердце. Давно уже не улыбался я от души, даже в кругу друзей: их беседа стала мне несносна, их веселость возбуждала во мне желчь, их внимательность - досаду за безотвязность; стало быть, тем раздольнее было мне хмуриться наедине, потому что все товарищи разъехались по гостям; тем мрачнее было в душе моей: в нее не могла запасть тогда ни одна блестка наружной веселости, никакое случайное развлечение. И вот прискакал ко мне ездовой от приятеля, с приглашением на вечер к прежнему его хозяину, князю Львинскому. Просят непременно: у них пир горой; красавиц - звезда на звезде, молодцов рой, и шампанского разливанное море. В приписке, будто мимоходом, извещал он, что там будет и Полина. Я вспыхнул…

Ноги мои дрожали, сердце кипело. Долго ходил я по хате, долго лежал, словно в забытьи горячки; но быстрина крови не утихала, щеки пылали багровым заревом, отблеском душевного пожара; звучно билось ретивое в груди. Ехать или не ехать мне на этот вечер? Еще однажды увидеть ее, дыхнуть одним с нею воздухом, наслушаться ее голоса, молвить последнее прости! Кто бы устоял против таких искушений? Я кинулся в обшивни и поскакал назад, к селу князя Львинского. Было два часа за полдень, когда я поехал с места. Проскакав двадцать верст на своих, я взял потом со станции почтовую тройку и еще промчался двадцать две версты благополучно. С этой станции мне уже следовало своротить с большой дороги. Статный молодец на лихих конях взялся меня доставить в час за восемнадцать верст, в село княжое.

Я сел, - катай!

Уже было темно, когда мы выехали со двора, однако ж улица кипела народом. Молодые парни, в бархатных шапках, в синих кафтанах, расхаживали, взявшись за кушаки товарищей; девки в заячьих шубах, крытых яркою китайкою, ходили хороводами; везде слышались праздничные песни, огни мелькали во всех окнах, и зажженные лучины пылали у многих ворот. Молодец, извозчик мой, стоя в заголовке саней, гордо покрикивал "пади!" и, охорашиваясь, кланялся тем, которые узнавали его, очень доволен, слыша за собою: "Вон наш Алеха катит! Куда, сокол, собрался?" и тому подобное. Выбравшись из толпы, он обернулся ко мне с предуведомлением:

- Ну, барин, держись! - Заложил правую рукавицу под левую мышку, повел обнаженной рукой над тройкою, гаркнул, и кони взвились как вихорь! Дух занялся у меня от быстроты их поскока: они понесли нас. Как верткий челнок на валах, кувыркались, валялись и прыгали сани в обе стороны; извозчик мой, упершись в валек ногою и мощно передергивая вожжами, долго боролся с запальчивою силою застоявшихся коней; но удила только подстрекали их ярость. Мотая головами, взбросив дымные ноздри на ветер, неслись они вперед, взвивая метель над санями. Подобные случаи столь обыкновенны для каждого из нас, что я, схватясь за облучок, преспокойно лежал внутри и, так сказать, любовался этой быстротой путешествия. Никто из иностранцев не может постичь дикого наслаждения - мчаться на бешеной тройке, подобно мысли, и в вихре полета вкушать новую негу самозабвения. Мечта уже переносила меня на бал. Боже мой, как испугаю и обрадую я Полину своим неожиданным появлением! Меня бранят, меня ласкают; мировая заключена, и я уж несусь с нею в танцах... И между тем свист воздуха казался мне музыкою, а мелькающие изгороди, леса - пестрыми толпами гостей в бешеном

3

вальсе… Крик извозчика, просящего помощи, вызвал меня из очарования. Схватив две вожжи, я так скрутил голову коренной, что, упершись вдруг, она едва не выскочила из хомута. Топча и фыркая, остановились наконец измученные бегуны, и когда опало облако инея и ветерок разнес пар, клубящийся над конями:

- Где мы? - спросил я ямщика, между тем как он перетягивал порванный чересседельник и оправлял сбрую. Ямщик робко оглянулся кругом.

- Дай бог памяти, барин! - отвечал он. - Мы уж давно своротили с большой дороги, чтобы упарить по сугробу гнедышей, и я что-то не признаюсь к этой околице. Не ведь это Прошкино Репище, не ведь Андронова Пережога?

Я не подвигался вперед ни на полвершка от его топографических догадок; нетерпение приехать меня одолевало, и я с досадою бил нога об ногу, между тем как мой парень бегал отыскивать дорогу.

- Ну, что?

- Плохо, барин! - отвечал он. - В добрый час молвить, в худой помолчать, мы никак заехали к Черному озерку!

- Тем лучше, братец! Коли есть примета, выехать не долга песня; садись и дуй в хвост и в гриву!

- Какое лучше, барин; эта примета заведет невесть куда, возразил ямщик. Здесь мой дядя видел русалку: слышь ты, сидит на суку, да и покачивается, а сама волосы чешет, косица такая, что страсть; а собой такая смазливая - загляденье, да и только. И вся нагая, как моя ладонь.

- Что ж, поцеловал ли он красавицу? - спросил я.

- Христос с тобой, барин, что ты это шутишь? Подслушивает она, так даст поминку, что до новых веников не забудешь. Дядя с перепугу не то чтобы зааминить или зачурать ее, даже ахнуть не успел, как она, завидя его, захохотала, ударила в ладоши, да и бульк в воду. С этого сглазу, барин, он бродил целый день вокруг да около, и когда воротился домой, едва языка допытались: мычит по-звериному, да и только! А кум Тимоша Кулак нонесь повстречал тут оборотня; слышишь ты, скинулся он свиньей, да то и знай мечется под ноги! Хорошо, что Тимоша и сам в чертовщине силу знает: как поехал на ней чехардой, да ухватил за уши, она и пошла его мыкать, а сама визжит благим матом; до самых петухов таскала, и уж на рассвете нашли его под съездом у Гаврюшки, у того, что дочь красовита. Да то ли здесь чудится!.. Серега косой как порасскажет…

- Побереги свои побасенки до другого случая, - возразил я, - мне, право, нет времени да нет и охоты пугаться!.. Если ты не хочешь, чтоб русалка защекотала тебя до смерти или не хочешь ночевать с карасями под ледяным одеялом, то ищи скорей дороги.

4

Мы брели целиком, в сугробах выше колена. На беду нашу небо задернуто было пеленою, сквозь которую тихо сеялся пушистый иней; не видя месяца, нельзя было узнать, где восток и где запад. Обманчивый отблеск между перелесками заманивал нас то вправо, то влево... Вот-вот, думаешь, видна дорога... Доходишь - это склон оврага или тень какого-нибудь дерева! Одни птичьи и заячьи следы плелись таинственными узлами по снегу. Уныло звучал на дуге колокольчик, двоя каждый тяжелый шаг, кони ступали, повесив головы; извозчик, бледный как полотно, бормотал молитвы, приговаривая, что нас обошел леший, что нам надобно выворотить шубы вверх шерстью и надеть наизнанку всё до креста. Я тонул в снегу и громко роптал на всё и на всех, выходя из себя с досады, а время утекало, и где конец этому проклятому пути?! Надобно быть в подобном положении, надобно быть влюбленну и спешить на бал, чтобы вообразить весь гнев мой в то время... Это было бы очень смешно, если б не было очень опасно.

Однако ж досада не вывела нас на старую дорогу и не проторила новой; образ Полины, который танцевал передо мною, и чувство ревности, что она вертится теперь с каким-нибудь счастливцем, слушает его ласкательства, может быть, отвечает на них, нисколько не помогали мне в поисках. Одетый тяжелою медвежьею шубою, я не иначе мог идти, как нараспашку, и потому ветер проницал меня насквозь, оледеняя на теле капли пота. Ноги мои, обутые в легкие танцевальные сапоги, были промочены и проморожены до колен, и дело уж дошло до того, что надобно было позаботиться не о бале, а о жизни, чтоб не кончить ее в пустынном поле. Напрасно прислушивались мы: нигде отрадного огонька, нигде голоса человеческого, даже ни полета птицы, ни шелеста зверя. Только храпение наших коней, или бой копыт от нетерпения, или, изредка, бряканье колокольца, потрясаемого уздою, нарушали окрестное безмолвие. Угрюмо стояли кругом купы елей, как мертвецы, закутанные в снежные саваны, будто простирая к нам оледенелые руки; кусты, опушенные клоками инея, сплетали на бледной поверхности поля тени свои; утлые, обгорелые пни, вея седыми космами, принимали мечтательные образы; но все это не носило на себе следа ноги или руки человеческой... Тишь и пустыня окрест!

Молодой извозчик мой одет был вовсе не подорожному и, проницаемый не на шутку холодом, заплакал.

- Знать, согрешил я перед Богом, - сказал он, - что наказан такой смертью; умрешь, как татарин, без исповеди! Тяжело расставаться с белым светом, только раздувши пену с медовой чаши; да и куда бы ни шло в посту, а то на праздниках. То-то взвоет белугой моя старуха! То-то наплачется моя Таня!

5

Я был тронут простыми жалобами доброго юноши; дорого бы я дал, чтобы так же заманчива, так же мила была мне жизнь, чтобы так же горячо веровал я в любовь и верность. Однако ж, чтоб разгулять одолевающий его сон, я велел ему снова пуститься в ход наудачу, сохраняя движением теплоту. Так шли мы еще полчаса, как вдруг парень мой вскрикнул с радостию:

- Вот он, вот он!

- Кто он? - спросил я, прыгая по глубокому снегу ближе.

Ямщик не отвечал мне; упав на колени, он с восторгом что-то рассматривал; это был след конский. Я уверен, что ни один бедняк не был столь рад находке мешка с золотом, как мой парень этому верному признаку и обету жизни. В самом деле, скоро мы выбрались на бойкую дровововозную дорогу; кони, будто чуя ночлег, радостно наострили уши и заржали; мы стремглав полетели по ней куда глаза глядят. Через четверть часа были уже в деревне, и как мой извозчик узнал ее, то привез прямо к избе зажиточного знакомого ему крестьянина.

Уверенность возвратила бодрость и силы иззябшему парню, и он не вошел в избу, покуда не размял беганьем на улице окоченевших членов, не оттер снегом рук и щек, даже покуда не выводил коней. У меня зашлись одни ноги, и потому, вытерши их в сенях докрасна суконкою, я через пять минут сидел уже под святыми, за набранным столом, усердно потчуемый радушным хозяином и попав вместо бала на сельские посиделки.

Сначала все встали; но, отдав мне чинный поклон, уселись по-прежнему и только порой, перемигиваясь и перешептываясь между собою, кажется, вели слово о нежданном госте. Ряды молодиц в низаных киках, в кокошниках и красных девушек в повязках разноцветных, с длинными косами, в которые вплетены были треугольные подкосники с подвесками или златошвейные ленты, сидели по лавкам очень тесно, чтоб не дать между собою места лукавому - разумеется, духу, а не человеку, потому что многие парни нашли средство втереться между.

Молодцы в пестрядинных или ситцевых рубашках с косыми галунными воротками и в суконных кафтанах увивались около или, собравшись в кучки, пересмехались, щелкали орешки, и один из самых любезных, сдвинув набекрень шапку, бренчал на балалайке "Из-под дубу, из-под вязу". Седобородый отец хозяина лежал на печи, обратясь лицом к нам, и, качая головой, глядел на игры молодежи; для рам картины, с полатей выглядывали две или три живописные детские головки, которые, склонясь на руки и зевая, посматривали вниз. Гаданья на Новый год пошли обычной своей чередою. Петух, пущенный в круг, по обводу которого насыпаны были именные кучки овса и ячменя с зарытыми в них кольцами, удостоив из которой-нибудь клюнуть, возвещал неминуемую свадьбу для гадателя или загадчицы... Накрыв блюдом чашу, в которой лежали кусочки с наговорным хлебом, уголья, значения коих я никак не мог добиться, и перстни да кольца девушек, все принялись за подблюдные песни, эту лотерею судьбы и ее приговоров. Я грустно слушал звучные напевы, коим вторили в лад потрясаемые жеребьи в чаше.

Слава Богу на небе,
Государю на сей земле!
Чтобы правда была Краше солнца светла;
Золотая ж казна Век полным-полна!
Чтобы коням его не изъезживаться,
Его платьям цветным не изнашиваться,
Его верным вельможам не стареться!
Уж мы хлебу поем ,
Хлебу честь воздаем!
Большим-то рекам слава до моря ,
Мелким речкам до мельницы!
Старым людям на потешенье,
Добрым молодцам на услышанье,
Расцвели в небе две радуги,
У красной девицы две радости,
С милым другом совет,
И растворен подклет!
Щука шла из Новагорода,
Хвост несла из Бела озера;
У щучки головка серебряная ,
У щучки спина жемчугом плетена;
А наместо глаз дорогой алмаз!
Золотая парча развевается

Кто-то в путь в дорогу собирается.

Всякому сулили они добро и славу, но, отогревшись, я не думал дослушивать бесконечных и неминуемых заветов подблюдных; сердце мое было далеко, и я сам бы лётом полетел вслед за ним. Я стал подговаривать молодцов свезти меня к князю. К чести их, хотя к досаде своей, должно сказать, что никакая плата не выманила их от забав сердечных. Все говорили, что у них лошаденки плохие или измученные. У того не было санок, у другого подковы без шипов, у третьего болит рука.

Хозяин уверял, что он послал бы сына и без прогонов, да у него пара добрых коней повезла в город заседателя... Чарки частые, голова одна, и вот уж третий день, верно, празднуют в околице.

- Да, изволишь знать, твоя милость, - примолвил один краснобай, встряхнув кудрями, - теперь уж ночь, а дело-то святочное. Уж на что у нас храбрый народ девки: погадать ли о суженом - не боятся бегать за овины, в поле слушать колокольного свадебного звону, либо в старую баню, чтоб погладил домовой мохнатой лапою на богачество, да и то сегодня хвостики прижали... Ведь канун-то Нового года чертям сенокос.

- Полно тебе, Ванька, страхи-то рассказывать! - вскричало несколько тоненьких голосков.

- Чего полно? - продолжал Ванька. - Спроси-ка у Оришки: хорош ли чертов свадебный поезд, какой она вчерась видела, глядясь за овинами на месяц в зеркало? Едут, свищут, гаркают... словно живьем воочью совершаются. Она говорит, один бесенок оборотился горенским Старостиным сыном Афонькой да одно знай пристает: сядь да сядь в сани. Из круга, знать, выманивает. Хорошо, что у ней ум чуть не с косу, так отнекалась.

- Нет, барин, - примолвил другой, - хоть россыпь серебра, вряд ли кто возьмется свезти тебя! Кругом озера колесить верст двадцать будет, а через лед ехать без беды беда; трещин и полыней тьма; пошутит лукавый, так пойдешь карманами ловить раков.

- И ведомо, - сказал третий. - Теперь чертям скоро заговенье: из когтей друг у друга добычу рвут.

- Полно брехать, - возразил краснобай. - Нашел заговенье. Черный ангел, или, по-книжному, так сказать, Ефиоп, завсегда у каждого человека за левым плечом стоит да не смигнувши сторожит, как бы натолкнуть на грех. Не слыхали вы разве, что было у Пятницы на Пустыне о прошлых святках?

- А что такое? - вскричали многие любопытные. - Расскажи, пожалуста, Ванюша; только не умори с ужасти.

Рассказчик оглянулся на двери, на окно, на лица слушателей, крякнул протяжно, оправил правой рукою кудри и начал:

- Дело было, как у нас, на посиделках. Молодцы окручались в личины, и такие хари, что и днем глядеть - за печку спрячешься, не то чтобы ночью плясать с ними. Шубы навыворот, носищи семи пядей, рога словно у Сидоровой козы, а в зубах по углю, так и зияют. Умудрились, что петух приехал

верхом на раке, а смерть с косою на коне. Петрушка-чеботарь спину представлял, так он мне все и рассказывал.

Вот как разыгрались они, словно ласточки перед погодою; одному парню лукавый, знать, и шепнул в ухо: "Семка, я украду с покойника, что в часовне лежит, саван да венец, окручусь в них, набелюся известкою, да и приду мертвецом на поселки". На худое мы не ленивы: скорей, чем сгадал, он в часовню слетал, ведь откуда, скажите на милость, отвага взялась. Чуть не до смерти перепугал он всех: старый за малого прячется... Однако ж когда он расхохотался своим голосом да стал креститься и божиться, что он живой человек, пошел смех пуще прежнего страху. Тары да бары да сладкие разговоры, ан и полночь на дворе, надо молодцу нести назад гробовые обновки; зовет не дозовется никого в товарищи; как опала у него хмелина в голове, опустились и крылья соколиные; одному идти страх одолевает, а приятели отпираются. Покойник давно слыл колдуном, и никто не хотел, чтобы черти свернули голову на затылок, свои следы считать. Ты, дескать, брал напрокат саван, ты и отдавай его; нам что за стать в чужом пиру похмелье нести.

И вот, не прошло двух мигов... послышали, кто-то идет по скрипучему снегу... прямо к окну: стук, стук...

- С нами крестная сила! - вскричала хозяйка, устремив на окно испуганные очи. - Наше место свято! - повторила она, не могши отвратить взглядов от поразившего ее предмета. - Вон, вон, кто-то страшный глядит сюда!

Девки с криком прижались одна к другой: парни кинулись к окну, между тем как те из них, которые были поробче, с выпученными глазами и открытым ртом поглядывали в обе стороны, не зная, что делать. В самом деле, за морозными стеклами как будто мелькнуло чье-то лицо... но когда рама была отперта - на улице никого не было. Туман, врываясь в теплую избу, ходил коромыслом, затемняя на время блеск лучины. Все понемногу успокоились.

- Это вам почудилось, - сказал рассказчик, оправляясь сам от испуга; его голос был прерывен и неровен. - Да вот, дослушайте бывальщину: она уж и вся-то недолга. Когда переполошенные в избе люди осмелились да спросили: "Кто стучит?" - пришлец отвечал: "Мертвец пришел за саваном". Услышав это, молодец, окрученный в него, снял с себя гробовую пелену да венец и выкинул их за окошко. "Не принимаю! - закричал колдун, скрипя зубами. - Пускай где взял, там и отдаст мне". И саван опять очутился посреди избы. "Ты, насмехаючись, звал меня на посиделки, - сказал мертвец страшным голосом, - я здесь! Чествуй же гостя и провожай его до дому, до последнего твоего и моего дому". Все, дрожа, молились всем святым, а бедняга виноватый ни жив ни мертв сидел, дожидаясь злой гибели. Мертвец между тем ходил кругом, вопя: "Отдайте мне его, не то и всем несдобровать". Сунулся было в окошко, да, на счастье, косяки были святой водой окроплены, так что его словно огнем обдало; взвыл да назад кинулся. Вот грянул он в вороты, и дубовый запор, как соль, рассыпался... Начал всходить по съезду... Тяжко скрипели бревна под ногою оборотня; собака с визгом залезла в сенях под корыто, и все слышали, как упала рука его на щеколду. Напрасно читали ему навстречу молитву от наваждения, от призора; однако ничто не забрало... Дверь со стоном повернулась на пятах, и мертвец шасть в избу!

Дверь избы нашей, точно, растворилась при этом слове, будто кто-нибудь подслушивал, чтобы войти в это мгновение. Нельзя описать, с каким ужасом вскрикнули гости, поскакав с лавок и столпясь под образами. Многие девушки, закрыв лицо руками, упали за спины соседок, как будто избежали опасности, когда ее не видно. Глаза всех, устремленные к порогу, ждали встретить там по крайней мере остов, закутанный саваном, если не самого нечистого с рогами; и в самом деле, клубящийся в дверях морозный пар мог показаться адским серным дымом. Наконец пар расступился, и все увидели, что вошедший имел вид совершенно человеческий. Он приветливо поклонился всей беседе, хотя и не перекрестился перед иконами. То был стройный мужчина в распашной сибирке, под которою надет был бархатный камзол, такие же шаровары спускались на лаковые сапоги; цветной персидский платок два раза обвивал шею, и в руках его была бобровая шапка с козырьком, особого вида. Одним словом, костюм его доказывал, что он или приказчик, или поверенный по откупам. Лицо его было правильно, но бледно как полотно, и черные потухшие глаза стояли неподвижно.

- Бог помочь! - сказал он, кланяясь. - Прошу беседу для меня не чиниться и тебя, хозяин, обо мне не заботиться. Я завернул в вашу деревню на минутку: надо покормить иноходца на перепутье, у меня вблизи дельце есть.

Увидев меня в мундире, он раскланялся очень развязно, даже слишком развязно для своего состояния, и скромно спросил, не может ли чем послужить мне? Потом, с позволения, подсев ко мне ближе, завел речь о том и о сем, пятом и десятом. Рассказы его были очень забавны, замечания резки, шутки ядовиты; заметно было, что он терся долго между светскими людьми как посредник запрещенных забав или как их преследователь, кто знает, может быть, как блудный купеческий сын, купивший своим имением жалкую опытность, проживший с золотом здоровье и добрые нравы. Слова его отзывались какою-то насмешливостью надо всем, что люди привыкли уважать, по крайней мере, наружно. Не из ложного хвастовства и не из лицемерного смирения рассказывал он про свои порочные склонности и поступки; нет, это уже был закоснелый, холодный разврат. Злая усмешка презрения ко всему окружающему беспрестанно бродила у него на лице, и когда он наводил свои пронзающие очи на меня, невольный холод пробегал по коже.

10

- Не правда ли, сударь, - сказал он мне после некоторого молчания, - вы любуетесь невинностью и веселостью этих простяков, сравнивая скуку городских балов с крестьянскими посиделками? И, право, напрасно. Невинности давно уже нету в помине нигде. Горожане говорят, что она полевой цветок, крестьяне указывают на зеркальные стекла, будто она сидит за ними, в позолоченной клетке; между тем как она схоронена в староверских книгах, которым для того только верят, чтоб побранить наше время. А веселость, сударь? Я, пожалуй, оживлю вам для потехи эту обезьяну, называемую вами веселостью. Штоф сладкой водки парням, дюжину пряников молодицам и пары три аршин тесемок девушкам - вот мужицкий рай; надолго ли?

Он вышел и, возвратясь, принес все, о чем говорил, из санок. Как человек привычный к этому делу, он подсел в кружок и совершенно сельским наречием, с разными прибаутками, потчевал пряничными петушками, раздаривал самым пригоженьким ленты, пуговицы на сарафаны, сережки со стеклами и тому подобные безделки, наливал парням водку и даже уговорил некоторых молодиц прихлебнуть сладкой наливки. Беседа зашумела как улей, глаза засверкали у молодцов, вольные выражения срывались с губ, и, слушая рассказни незнакомца, нашептываемые им на ухо, красные девушки смеялись и уж гораздо ласковее, хотя исподлобья поглядывали на своих соседов. Чтобы довершить суматоху, он подошел к светцу, в котором воткнутая лучина роняла огарки свои в старую сковороду, стал поправлять ее и потушил, будто не нарочно. Минут десять возился он в темноте, вздувая огонь, и в это время звуки многих нескромных поцелуев раздавались кругом между всеобщим смехом. Когда вспыхнула опять лучина, все уже скромно сидели по местам; но незнакомец лукаво показал мне на румяные щеки красавиц. Скоро оказались тлетворные следствия его присутствия. Охмелевшие крестьяне стали спорить и ссориться между собою; крестьянки завистливым глазом смотрели на подруг, которым достались лучшие безделки. Многие парни, в порыве ревности, упрекали своих любезных, что они чересчур ласково обходились с незнакомым гостем; некоторые мужья грозили уже своим половинам, что они докажут кулаком любовь свою за их перемиги с другими; даже ребятишки на полатях дрались за орехи.

Сложив руки на груди, стоял чудный незнакомец у стенки и с довольною, но ироническою улыбкою смотрел на следы своих проказ.

- Вот люди! - сказал он мне тихо... но в двух этих словах было многое. Я понял, что он хотел выразить: как в городах и селах, во всех состояниях и возрастах подобны пороки людские; они равняют бедных и богатых глупостью; различны погремушки, за которыми кидаются они, но ребячество одинаково. То по крайней мере высказывал насмешливый взор и тон речей; так по крайней мере мне казалось.

Но мне скоро наскучил разговор этого безнравственного существа, и песни, и сельские игры; мысли пошли опять привычною стезею. Опершись рукою об стол, хмурен и рассеян, отвечал я на вопросы, глядел на окружающее, и невольный ропот вырывался из сердца, будто пресыщенного полынью. Незнакомец, взглянув на свои часы, сказал мне:

- Уж скоро десять часов.

Я был очень рад тому; я жаждал тишины и уединения.

В это время один из молодцов, с рыжими усами и открытого лица, вероятно, осмеленный даровым ерофеичем, подошел ко мне с поклоном.

- Что я тебя спрошаю, барин, - сказал он, - есть ли в тебе молодецкая отвага?

Я улыбнулся, взглянув на него: такой вопрос удивил меня очень.

- Когда бы кто-нибудь поумнее тебя сделал мне подобный вопрос, - отвечал я, - он бы унес ответ на боках своих.

- И, батюшка сударь, - возразил он, - будто я сомневаюсь, что ты с широкими своими плечами на дюжину пойдешь, не засуча рукавов; такая удаль в каждом русском молодце не диковинка. Дело не об людях, барин; я хотел бы знать, не боишься ли ты колдунов и чертовщины?

Смешно бы было разуверять его; напрасно уверять в моем неверии ко всему этому.

- Чертей я боюсь еще менее, чем людей! - был мой ответ.

- Честь и хвала тебе, барин! - сказал молодец. - Насилу нашел я товарища. И ты бы не ужаснулся увидеть нечистого носом к носу?

- Даже схватить его за нос, друг мой, если б ты мог вызвать его из этого рукомойника...

- Ну, барин, - промолвил он, понизив голос и склоняясь над моим ухом, - если ты хочешь погадать о чем-нибудь житейском, если у тебя есть, как у меня, какая разлапушка, так, пожалуй, катнем; мы увидим тогда все, что случится с ними и с нами вперед. Чур, барин, только не робеть: на это гаданье надо сердце-тройчатку. Что ж, приказ или отказ?

Я было хотел отвечать этому долгополому гадателю, что он или дурак, или хвастун и что я, для его забавы или его простоты, вовсе не хочу сам делать глупостей; но в это мгновение повстречал насмешливый взгляд незнакомца, который будто говорил: "Ты хочешь, друг, прикрыть благоразумными словами глупую робость! Знаем мы вашу братью, вольномыслящих дворянчиков!" К этому взору он присоединил и увещание, хотя никак не мог слышать, что меня звали на гаданье.

- Вы, верно, не пойдете, - сказал он сомнительно. - Чему быть путному, даже забавному от таких людей!

- Напротив, пойду!.. - возразил я сухо. Мне хотелось поступить наперекор этому незнакомцу. - Мне давно хочется раскусить, как орех, свою будущую судьбу и познакомиться покороче с лукавым, - сказал я гадателю. - Какой же ворожбой вызовем мы его из ада?

- Теперь он рыщет по земле, - отвечал тот, - ближе к нам, нежели кто думает; надо заставить его сделать по нашему веленью.

- Смотрите, чтобы он не заставил вас делать по своему хотенью, - произнес незнакомец важно.

- Мы будем гадать страшным гаданьем, - сказал мне на ухо парень, - закляв нечистого на воловьей коже. Меня уж раз носил он на ней по воздуху, и что видел я там, что слышал, - примолвил он, бледнея, - того... Да ты сам, барин, попытаешь все.

Я вспомнил, что в примечаниях к "Красавице озера" ("Lady of the lake") Вальтер Скотт приводит письмо одного шотландского офицера, который гадал точно таким образом, и говорит с ужасом, что человеческий язык не может выразить тех страхов, которыми он был обуян. Мне любопытно стало узнать, так ли же выполняются у нас обряды этого гаданья, остатка язычества на разных концах Европы.

- Идем же сейчас, - сказал я, опоясывая саблю свою и надевая просушенные сапоги. - Видно, мне сегодня судьба мыкаться конями и чертями! Посмотрим, кто из них довезет меня до цели!

Я переступил за порог, когда незнакомец, будто с видом участия, сказал мне:

- Напрасно, сударь, изволите идти: воображение - самый злой волшебник, и вам бог весть что может почудиться!

Я поблагодарил его за совет, примолвив, что я иду для одной забавы, имею довольно ума, чтоб заметить обман, и слишком трезвую голову и слишком твердое сердце, чтоб ему поддаться.

- Пускай же сбудется чему должно! - произнес вслед мой незнакомец.

Проводник зашел в соседний дом.

- Вечор у нас приняли черного как смоль быка, без малейшей отметки, - сказал он, вытаскивая оттуда свежую шкуру, - и она-то будет нашим ковром-самолетом.

Под мышкой нес он красного петуха, три ножа сверкали за поясом, а из-за пазухи выглядывала головка полуштофа, по его словам, какого-то зелья, собранного на Иванову ночь. Молодой месяц протек уже полнеба. Мы шли скоро по улице, и провожатый заметил мне, что ни одна собака на нас не взлаяла; даже встречные кидались опрометью в подворотни и только, ворча, выглядывали оттуда. Мы прошли версты полторы; деревня от нас скрылась за холмом, и мы поворотили на кладбище.

Ветхая, подавленная снегом, бревенчатая церковь возникала посреди полурухнувшей ограды, и тень ее тянулась вдаль, словно путь за мир могильный. Ряды крестов, тленных памятников тлеющих под ними поселян, смиренно склонялись над пригорками, и несколько елей, скрипя, качали черные ветви свои, колеблемые ветром.

- Здесь! - сказал проводник мой, бросив шкуру вверх шерстью. Лицо его совсем изменилось: смертная бледность проступила на нем вместо жаркого румянца; место прежней говорливости заступила важная таинственность. - Здесь! - повторил он. - Это место дорого для того, кого станем вызывать мы; здесь, в разные времена, схоронены трое любимцев ада. В последний раз напоминаю, барин: если хочешь, можешь воротиться, а уж начавши коляду, не оглядывайся, что бы тебе ни казалось, как бы тебя ни кликали, и не твори креста, не читай молитвы... Нет ли у тебя ладанки на вороту?

Я отвечал, что у меня на груди есть маленький образ и крестик, родительское благословение.

- Сними его, барин, и повесь хоть на этой могилке: своя храбрость теперь нам оборона.

Я послушался почти нехотя. Странная вещь: мне стало будто страшнее, когда я удалил от себя моих пенатов от самого младенчества; мне показалось, что я остался вовсе один, без оружия и защиты. Между тем гадатель мой, произнеся невнятные звуки, начал обводить круг около кожи. Начертив ножом дорожку, он окропил ее влагою из стекянки и потом, задушив петуха, чтобы он не крикнул, отрубил ему голову и полил кровью в третий раз очарованный круг. Глядя на это, я спросил:

- Не будем ли варить в котле черную кошку, чтобы ведьмы, родня ее, дали выкупу?

- Нет! - сказал заклинатель, вонзая треугольником ножи, - черную кошку варят для привороту к себе красавиц. Штука в том, чтобы выбрать из косточек одну, которую если тронешь, на кого задумаешь, так по тебе с ума сойдет.

"Дорого бы заплатили за такую косточку в столицах, - подумал я, - тогда и ум, и любезность, и красота, самое счастие дураков спустили бы перед нею флаги".

- Да все равно, - продолжал он, - можно эту же силу достать в Иванов день. Посадить лягушку в дырявый бурак, наговорить, да и бросить в муравейник, так она человеческим голосом закричит; наутро, когда она будет съедена, останется в бураке только вилочка да крючок: этот крючок - неизменная уда на сердца; а коли больно наскучит, тронь вилочкой - как рукавицу долой, всю прежнюю любовь снимет.

14

"Что касается до забвения, - думал я, - для этого не нужно с нашими дамами чародейства".

- Пора! - произнес гадатель. - Смотри, барин: коли мила тебе душа, не оглядывайся. Любуйся на месяц и жди, что сбудется.

Завернувшись в медвежью шубу, я лег на роковой воловьей шкуре, оставив товарища чародействовать, сколько ему угодно. Невольно, однако ж, колесо мыслей опять и опять приносило мне вопрос: откуда в этом человеке такая уверенность? Он мог ясно видеть, что я вовсе не легковерен, следственно, если думает морочить меня, то через час, много два, открою вполне его обманы... Притом, какую выгоду найдет он в обмане? Ни ограбить, ни украсть у меня никто не посмеет... Впрочем, случается, что сокровенные силы природы даются иногда людям самым невежественным. Сколько есть целебных трав, магнетических средств в руках у простолюдинов... Неужели?.. Мне стало стыдно самого себя, что зерно сомнения запало в мою голову. Но когда человек допустит себе вопрос о каком-либо предмете, значит, верование его поколеблено, и кто знает, как далеки будут размахи этого маятника?.. Чтобы отвлечь себя от думы о мире духов, которые, может статься, окружают нас незримо и действуют на нас неощутимо, я прильнул очами к месяцу.

"Тихая сторона мечтаний! - думал я. - Неужели ты населена одними мечтаниями нашими? Для чего так любовно летят к тебе взоры и думы человеческие? Для чего так мило сердцу твое мерцанье, как дружеский привет иль ласка матери? Не родное ли ты светило земле? Не подруга ли ты судьбы ее обитателей, как ее спутница в странничестве эфирном? Прелестна ты, звезда покоя, но земля наша, обиталище бурь, еще прелестнее, и потому не верю я мысли поэтов, что туда суждено умчаться теням нашим, что оттоле влечешь ты сердца и думы! Нет, ты могла быть колыбелью, отчизною нашего духа; там, может быть, расцвело его младенчество, и он любит летать из новой обители в знакомый, но забытый мир твой; но не тебе, тихая сторона, быть приютом буйной молодости души человеческой! В полете к усовершенствованию ей доля - еще прекраснейшие миры и еще тягчайшие испытания, потому что дорогою ценой покупаются светлые мысли и тонкие чувствования!"

Душа моя зажглась прикосновением этой искры; образ Полины, облеченный всеми прелестями, приданными воображением, несся передо мною...

"О! зачем мы живем не в век волшебств, - подумал я, - чтобы хоть ценой крови, ценою души купить временное всевластие, ты была бы моя, Полина... моя!.."

Между тем товарищ мой, стоя сзади меня на коленях, произносил непонятные заклинания; но голос его затихал постепенно; он роптал уже подобно ручью, катящемуся под снежною глыбою...

15

- Идет, идет! - воскликнул он, упав ниц. Его голосу отвечал вдали шум и топот, как будто вихорь гнал метель по насту, как будто удары молота гремели по камню... Заклинатель смолк, но шум, постепенно возрастая, налетел ближе... Невольным образом у меня занялся дух от боязненного ожидания, и холод пробежал по членам... Земля звучала и дрожала - я не вытерпел и оглянулся...

И что ж? Полштоф стоял пустой, и рядом с ним храпел мой пьяный духовидец, упав ничком! Я захохотал, и тем охотнее, что предо мной сдержал коня своего незнакомец, проезжая в санках мимо. Он охотно помог мне посмеяться такой встрече.

- Не говорил ли я вам, сударь, что напрасно изволите верить этому глупцу. Хорошо, что он недолго скучал вам, поторопившись нахрабрить себя сначала; мудрено ли, что таким гадателям с перепою видятся чудеса!

И между тем злые очи его проницали морозом сердце, и между тем коварная усмешка доказывала его радость, видя мое замешательство, застав, как оробелого ребенка впотьмах и врасплох.

- Каким образом ты очутился здесь, друг мой? - спросил я неизбежного незнакомца, не очень довольный его уроком.

- Стоит обо мне вздумать, сударь, и я как лист перед травой... - отвечал он лукаво. - Я узнал от хозяина, что вам угодно было ехать на бал князя Львинского; узнал, что деревенские неучи отказались везти вас, и очень рад служить вам: я сам туда еду повидаться под шумок с одною барскою барынею. Мой иноходец, могу похвалиться, бегает как черт от ладану, и через озеро не далее восьми верст!

Такое предложение не могло быть принято мною худо; я вспрыгнул от радости и кинулся обнимать незнакомца. Приехать хоть в полночь, хоть на миг... это прелесть, это занимательно!

- Ты разодолжил меня, друг мой! Я готов отдать тебе все наличные деньги! - вскричал я, садясь в саночки.

- Поберегите их у себя, - отвечал незнакомец, садясь со мною рядом. - Если вы употребите их лучше, нежели я, безрассудно было бы отдавать их, а если так же дурно, как я, то напрасно!

Вожжи натянулись, и как стрела, стальным луком ринутая, полетел иноходец по льду озера. Только звучали подрези, только свистел воздух, раздираемый быстрою иноходью. У меня занялся дух и замирало сердце, видя, как прыгали наши казанки через трещины, как вились и крутились они по закраинам полыней. Между тем он рассказывал мне все тайные похождения окружного дворянства: тот волочился за предводительшей, та была у нашего майора в гостях под маскою; тот вместо волка наехал с собаками на след соседа и чуть не затравил зверька в спальне ужены своей. Полковник наш поделился сколькими-то тысячами с губернатором, чтоб очистить квитанцию за постой... Прокурор получил недавно пирог с золотою начинкою, за то, чтоб замять дело помещика Ремницына, который засек своего человека, и проч., и проч.

- Удивляюсь, как много здесь сплетней, - сказал я, - дивлюсь еще более, как они могут быть тебе известны.

- Неужели вы думаете, сударь, что серебро здесь ходит в другом курсе или совесть судейская дороже, нежели в столицах? Неужели вы думаете, что огонь здесь не жжет, женщины не ветреничают и мужья не носят рогов? Слава Богу, эта мода, я надеюсь, не устареет до конца света! Это правда, теперь больше говорят о честности в судах и больше выказывают скромности в обществах, но это для того только, чтоб набить цены. В больших городах легче скрыть все проказы; здесь, напротив, сударь, здесь нет ни модных магазинов, ни лож с решетками; ни наемных карет, ни посещений к бедным; кругом несметная, но сметливая дворня и ребятишки на каждом шагу. Вышло из моды ходить за грибами, и еще не введены прогулки верхом, так бедняжкам нежным сердцам, чтобы свидеться, надо ждать отъезжего поля, или престольного праздника у соседов, или бурной ночи, чтобы дождь и ветер смели следы отважного обожателя, который не боится ни зубов собак, ни языков соседок. Впрочем, сударь, вы это знаете не хуже моего. На бале будет звезда здешних красавиц, Полина Павловна.

- Мне все равно, - отвечал я хладнокровно.

- В самом деле? - произнес незнакомец, взглянув на меня насмешливо-пристально. - А я бы прозакладывал свою бобровую шапку и, к ней в придачу, свою голову, что вы для нее туда едете... В самом деле, вам бы давно пора осушить поцелуями ее слезы, как это было три недели тому назад, в пятом часу после обеда, когда вы стояли перед ней на коленях!

- Бес ты или человек?! - яростно вскричал я, схватив незнакомца за ворот. - Я заставлю тебя высказать, от кого научился ты этой клевете, заставлю век молчать о том, что знаешь.

Я был поражен и раздражен словами незнакомца. От кого мог он сведать подробности моей тайны? Никому и никогда не открывал я ее; никогда вино не исторгало у меня нескромности; даже подушка моя никогда не слыхала звука изменнического; и вдруг вещь, которая происходила в четырех стенах, между четырьмя глазами, во втором этаже и в комнате, в которой, конечно, никто не мог подсмотреть нас, вещь эта стала известною такому бездельнику! Гнев мой не имел границ. Я был силен, я был рассержен, и незнакомец дрогнул, как трость в руке моей; я приподнял его с места. Но он оторвал прочь руку мою, будто маковку репейника, и оттолкнул, как семилетнего ребенка.

- Вы проиграете со мной в эту игру, - сказал он хладнокровно, однако ж решительно. - Угрозы для меня монета, которой я не знаю цены; да и к чему все это? Скрипучую дверь не заставишь молчать молотом, а маслом; притом же моя собственная выгода в скромности. Вот уж мы и у ворот княжего дома; помните, несмотря на свою недоверчивость, что я вам на всякую удалую службу неизменное копье. Я жду вас для возврата за этим углом; желаю удачи!

Я не успел еще образумиться, как санки наши шаркнули к подъезду и незнакомец, высадив меня, пропал из виду. Вхожу, - все шумит и блещет: сельский бал, что называется, в самом развале; плясуны вертелись, как по обещанию, дамы, несмотря на полночь, были очень бодры. Любопытные облепили меня, чуть завидев, и полились вопросы и восклицания ливмя. Рассказываю вкратце свое похождение, извиняюсь перед хозяевами, прикладываюсь к перчаткам почетных старух, пожимаю руки друзьям, бросаю мимоходом по лестному словцу дамам и быстро пробегаю комнаты одну за другою, ища Полины. Я нашел ее вдали от толпы, одинокую, бледную, с поникшею головою, будто цветочный венок подавлял ее как свинец. Она радостно вскрикнула, увидев меня, огневой румянец вспыхнул на лице; хотела встать, но силы ее оставили, и она снова опустилась в кресла, закрыв опахалом очи, будто ослепленная внезапным блеском.

Укротив, сколько мог, волнение, я сел подле нее. Я прямо и откровенно просил у ней прощенья в том, что не мог выдержать тяжкого испытания, и, разлучаясь, может быть навек, прежде чем брошусь в глухую, холодную пустыню света, хотел еще однажды согреть душу ее взором, или нет: не для любви для науки разлюбить ее приехал я, из желания найти в ней какой-нибудь недостаток, из жажды поссориться с нею, быть огорченным ее упреками, раздраженным ее холодностию, для того, чтобы дать ей самой повод хотя в чем-нибудь обвинять меня, чтобы нам легче было расстаться, если она имеет жестокость называть виною неодолимое влечение любви, помня заветы самолюбца-рассудка и не внимая внушениям сердца!.. Она прервала меня.

- Я бы должна была упрекать тебя, - сказала она, - но я так рада, так счастлива, тебя увидев, что готова благодарить за неисполненное обещание. Я оправдываюсь, я утешаюсь тем, что и ты, твердый мужчина, доступен слабости; и неужели ты думаешь, что если б даже я была довольно благоразумна и могла бы на тебя сердиться, я стала бы отравлять укоризнами последние минуты свидания?.. Друг мой, ты все еще веришь менее моей любви, чем благоразумию, в котором я имею столько нужды; пусть эти радостные слезы разуверят тебя в противном!

Если б было возможно, я бы упал к ногам ее, целовал бы следы ее, я

18

бы… я был вне себя от восхищения!.. Не помню, что я говорил и что слышал, но я был так весел, так счастлив!.. Рука об руку мы вмешались в круг танцующих.

Не умею описать, что со мною сталось, когда, обвивая тонкий стан ее рукою, трепетною от наслаждения, я пожимал другой ее прелестную ручку; казалось, кожа перчаток приняла жизнь, передавая биение каждой фибры… казалось, весь состав Полины прыщет искрами! Когда помчались мы в бешеном вальсе, ее летающие, душистые локоны касались иногда губ моих; я вдыхал ароматный пламень ее дыхания; мои блуждающие взгляды проницали сквозь дымку, я видел, как бурно вздымались и опадали белоснежные полушары, волнуемые моими вздохами, видел, как пылали щеки ее моим жаром, видел - нет, я ничего не видал… пол исчезал под ногами; казалось, я лечу, лечу, лечу по воздуху, с сладостным замиранием сердца! Впервые забыл я приличия света и самого себя.

Сидя подле Полины в кругу котильона, я мечтал, что нас только двое в пространстве; все прочее представлялось мне слитно, как облака, раздуваемые ветром; ум мой крутился в пламенном вихре.

Язык, этот высокий дар небес, был последним средством между нами для размена чувствований; каждый волосок говорил мне и на мне о любви; я был так счастлив и так несчастлив вместе. Сердце разрывалось от полноты; но мне чего-то недоставало… Я умолял ее позволить мне произнести в последний раз люблю на свободе, запечатлеть поцелуем разлуку вечную… Это слово поколебало ее твердость! Тот не любил, кто не знал слабостей… Роковое согласие сорвалось с ее языка.

Только при конце танца заметил я мужа Полины, который, прислонясь к противуположной стене, ревниво замечал все мои взгляды, все наши разговоры. Это был злой, низкой души человек; я не любил его всегда как человека, но теперь, как мужа Полины, я готов был ненавидеть его, уничтожить его. Малейшее столкновение с ним могло быть роковым для обоих, - я это чувствовал и удалился. Полчаса, которые протекли между обетом и сроком, показались мне бесконечными. Через длинную галерею стоял небольшой домашний театр княжего дома, в котором по вечеру играли; в нем-то было назначено свиданье. Я бродил по пустой его зале, между опрокинутых стульев и сгроможденных скамей. Лунный свет, падая сквозь окна, рисовал по стенам зыбкие цветы и деревья, отраженные морозными кристаллами стекол. Сцена чернелася, как вертеп, и на ней в беспорядке сдвинутые кулисы стояли, будто притаившиеся великаны; все это, однако же, заняло меня одну минуту. Если бы я был и в самом деле трус перед бестелесными существами, то, конечно, не в такое время нашла бы робость уголок в груди: я был весь ожидание, весь пламя. Ударило два часа за полночь, и зыблющийся колокол затих, ропща, будто страж, неохотно пробужденный; звук его потряс меня до дна души… Я дрожал, как в лихорадке, а голова горела, - я изнемогал и таял. Каждый скрип, каждый щелк кидал меня в пот и холод… И наконец желанный миг настал: с легким шорохом отворились двери; как тень дыма, мелькнула в нее Полина… еще шаг, и она лежала на груди моей!! Безмолвие, запечатленное долгим поцелуем разлуки, длилось, длилось… наконец Полина прервала его.

- Забудь, - сказала она, - что я существую, что я любила, что я люблю тебя, забудь все и прости!

- Тебя забыть! - воскликнул я. - И ты хочешь, чтобы я разбил последнее звено утешения в чугунной цепи жизни, которую отныне осужден я волочить, подобно колоднику; чтобы я вырвал из сердца, сгладил с памяти мысль о тебе? Нет, этого никогда не будет! Любовь была мне жизнь и кончится только с жизнию!

И между тем я сжимал ее в своих объятиях, между тем адский огонь пробегал по моим жилам… Тщетно она вырывалась, просила, умоляла; я говорил:

- Еще, еще один миг счастья, и я кинусь в гроб будущего!

- Еще раз прости, - наконец произнесла она твердо. - Для тебя я забыла долг, тебе пожертвовала домашним покоем, для тебя презрела теперь двусмысленные взоры подруг, насмешки мужчин и угрозы мужа; неужели ты хочешь лишить меня последнего наружного блага доброго имени?.. Не знаю, отчего так замирает у меня сердце и невольный трепет пролетает по мне; это страшное предчувствие!.. Но прости… уж время!

- Уж поздно! - произнес голос в дверях, растворившихся быстро.

Я обомлел за Полину, я кинулся навстречу пришедшему, и рука моя уперлась в грудь его. Это был незнакомец!

- Бегите! - сказал он, запыхавшись. - Бегите! Вас ищут. Ах, сударыня, какого шуму вы наделали своею неосторожностью! - примолвил он, заметив Полину. - Ваш муж беснуется от ревности, рвет и мечет все, гоняясь за вами… Он близко.

- Он убьет меня! - вскричала Полина, упав ко мне на руки.

- Убить не убьет, сударыня, а, пожалуй, прибьет; от него все станется; а что огласит это на весь свет, в том нечего сомневаться. И то уж все заметили, что вы вместе исчезли, и, узнав о том, я кинулся предупредить встречу.

- Что мне делать? - произнесла Полина, ломая руки и таким голосом, что он пронзил мне душу; укор, раскаяние и отчаяние отзывались в нем. Я решился.

- Полина, - отвечал я. - Жребий брошен: свет для тебя заперт; отныне я

20

должен быть для тебя всем, как ты была и будешь для меня; отныне любовь твоя не будет знать раздела, ты не будешь принадлежать двоим, не принадлежа никому. Под чужим небом найдем мы приют от преследований и предрассудков людских, а примерная жизнь искупит преступление. Полина! время дорого...

- Вечность дороже! - возразила она, склонив голову на сжатые руки.

- Идут, идут! - вскричал незнакомец, возвращаясь от двери. - Мои сани стоят у заднего подъезда; если вы не хотите погибнуть бесполезно, то ступайте за мною!

Он обоих нас схватил за руки... Шаги многих особ звучали по коридору, крик раздавался в пустой зале.

- Я твоя! - шепнула мне Полина, и мы скоро побежали через сцену, по узенькой лесенке, вниз, к небольшой калитке.

Незнакомец вел нас как домашний; иноходец заржал, увидев седоков. Я завернул в шубу свою, оставленную на санях, едва дышащую Полину, впрыгнул в сани, и когда долетел до нас треск выломленных в театре дверей, мы уже неслись во всю прыть, через село, вкруг плетней, вправо, влево, под гору, и вот лед озера звучно затрещал от подков и подрезей. Мороз был жестокий, но кровь моя ходила огневым потоком. Небо яснело, но мрачно было в душе моей. Полина лежала тихо, недвижна, безмолвна. Напрасно расточал я убеждения, напрасно утешал ее словами, что сама судьба соединила нас, что если б она осталась с мужем, то вся жизнь ее была бы сцепление укоризн и обид!

- Я все бы снесла, - возразила она, - и снесла терпеливо, потому что была еще невинна, если не перед светом, то перед Богом, но теперь я беглянка, я заслужила свой позор! Этого чувства не могу затаить я от самой себя, хотя бы вдали, в чужбине, я возродилась граждански, в новом кругу знакомых. Всё, всё можешь ты обновить для меня, кроме преступного сердца!

Мы мчались. Душа моя была раздавлена печалью. "Так вот то столь желанное счастье, которого и в самых пылких мечтах не полагал я возможным, - думал я, - так вот те очаровательные слова "я твоя", которых звук мечтался мне голосом неба! Я слышал их, я владею Полиною, и я так глубоко несчастлив, несчастнее, чем когда-нибудь!" Но если наши лица выражали тоску душевную, лицо незнакомца, сидящего на беседке, обращалось на нас радостнее обыкновенного. Коварно улыбался он, будто радуясь чужой беде, и страшно глядели его тусклые очи.

Какое-то невольное чувство отвращения удаляло меня от этого человека, который так нечаянно навязался мне со своими роковыми услугами. Если б я верил чародейству, я бы сказал, что какое-то неизъяснимое обаяние таилось в его взорах, что это был сам лукавый, столь злобная веселость о падении ближнего, столь холодная, бесчувственная насмешка были видны в чертах его бледного лица! Недалеко было до другого берега озера; все молчали, луна задернулась радужною дымкою. Вдруг потянул ветерок, и на нем послышали мы за собой топот погони.

- Скорей, ради Бога, скорей! - вскричал я проводнику, укоротившему бег своего иноходца.

Он вздрогнул и сердито отвечал мне:

- Это имя, сударь, надобно бы вам было вспомнить ранее или совсем не упоминать его.

- Погоняй! - возразил я. - Не тебе давать мне уроки.

- Доброе слово надо принять от самого черта, - отвечал он, как нарочно сдерживая своего иноходца. - Притом, сударь, в Писании сказано: "Блажен, кто и скоты милует!" Надобно пожалеть и этого зверька. Я получу свою уплату за прокат; вы будете владеть прекрасною барынею; а что выиграет он за пот свой? Обыкновенную дачу овса? Он ведь не употребляет шампанского, и простонародный желудок его не варит и не ценит дорогих яств, за которые двуногие не жалеют ни души, ни тела. За что ж, скажите, он надорвет себя?

- Пошел, если не хочешь, чтобы я изорвал тебя самого! - вскричал я, хватаясь за саблю. - Я скоро облегчу сани от лишнего груза, а свет от подобного тебе бездельника!

- Не горячитесь, сударь, - хладнокровно возразил мне незнакомец. - Страсть ослепляет вас, и вы становитесь несправедливы, потому что нетерпеливы. Не шутя уверяю вас, что иноходец выбился из сил. Посмотрите, как валит с него пар и клубится пена, как он храпит и шатается; такой тяжести не возил он сроду. Неужели считаете вы за ничто троих седоков... и тяжкий грех в прибавку? - примолвил он, обнажая злой усмешкою зубы.

Что мне было делать? Я чувствовал, что находился во власти этого безнравственного злодея. Между тем мы подвигались вперед мелкою рысцою. Полина оставалась как в забытьи: ни мои ласки, ни близкая опасность не извлекли ее из этого отчаянного бесчувствия. Наконец при тусклом свете месяца мы завидели ездока, скачущего во весь опор за нами; он понуждал коня криком и ударами. Встреча была неизбежна... И он, точно, настиг нас, когда мы стали подниматься на крутой въезд берега, обогнув обледенелую прорубь. Уже он был близко, уж едва не схватывал нас, когда храпящая лошадь его, вскочив наверх, споткнулась и пала, придавив собою всадника. Долго бился он под нею и, наконец, выскочил из-под неподвижного трупа и с бешенством кинулся к нам: это был муж Полины.

22

Я сказал, что я уже ненавидел этого человека, сделавшего несчастною жену свою, но я преодолел себя: я отвечал на его упреки учтиво, но твердо; на его брань кротко, но смело и решительно сказал ему, что он, во что бы ни стало, не будет более владеть Полиною; что шум только огласит этот несчастный случай и он потеряет многое, не возвратив ничего; что если он хочет благородного удовлетворения, я готов завтра поменяться пулями!

- Вот мое удовлетворение, низкий обольститель! - вскричал муж ее и занес дерзкую руку...

И теперь, когда я вспомню об этой роковой минуте, кровь моя вспыхивает как порох. Кто из нас не был напитан с младенчества понятиями о неприкосновенности дворянина, о чести человека благорожденного, о достоинстве человека? Много-много протекло с тех пор времени по голове моей; оно охладило ее, ретивое бьется тише, но до сих пор, со всеми философическими правилами, со всею опытностию моею, не ручаюсь за себя, и прикосновение ко мне перстом взорвало бы на воздух и меня и обидчика. Вообразить ж, что сталось тогда со мною, заносчивым, вспыльчивым юношею! В глазах у меня померкло, когда удар миновал мое лицо: он не миновал моей чести! Как лютый зверь кинулся я с саблею на безоружного врага, и клинок мой погрузился трижды в его череп, прежде чем он успел упасть на землю. Один страшный вздох, один краткий, но пронзительный крик, одно клокотание крови из ран - вот все, что осталось от его жизни в одно мгновение! Бездушный труп упал на склон берега и покатился на лед.

Еще несытый местью, в порыве исступления сбежал я по кровавому следу на озеро, и, опершись на саблю, склонясь над телом убитого, я жадно прислушивался к журчанию крови, которое мнилось мне признаком жизни. Испытали ли вы жажду крови? Дай Бог, чтобы никогда не касалась она сердцам вашим; но, по несчастию, я знал ее во многих и сам изведал ее на себе. Природа наказала меня неистовыми страстями, которых не могли обуздать ни воспитание, ни навык; огненная кровь текла в жилах моих. Долго, неимоверно долго мог я хранить хладную умеренность в речах и поступках при обиде, но зато она исчезала мгновенно, и бешенство овладевало мною. Особенно вид пролитой крови, вместо того чтобы угасить ярость, был маслом на огне, и я, с какою-то тигровою жадностию, готов был источить ее из врага каплей по капле, подобен тигру, вкусившему ненавистного напитка. Эта жажда была страшно утолена убийством. Я уверился, что враг мой не дышит.

- Мертв! - произнес голос над ухом моим. Я поднял голову: это был неизбежный незнакомец с неизменною усмешкою на лице. - Мертв! -

повторил он. - Пускай же мертвые не мешают живым, и толкнул ногой окровавленный труп в полынью. Тонкая ледяная корка, подернувшая воду, звучно разбилась; струя плеснула на закраину, и убитый тихо пошел ко дну.

- Вот что называется: и концы в воду, - сказал со смехом проводник мой. Я вздрогнул невольно; его адский смех звучит еще доселе в ушах моих. Но я, вперив очи на зеркальную поверхность полыньи, в которой, при бледном луче луны, мне чудился еще лик врага, долго стоял неподвижен. Между тем незнакомец, захватывая горстями снег с закраин льда, засыпал им кровавую стезю, по которой скатился труп с берега, и приволок загнанную лошадь на место схватки.

- Что ты делаешь? - спросил я его, выходя из оцепенения.

- Хороню свой клад, - отвечал он значительно. - Пусть, сударь, думают, что хотят, а уличить вас будет трудно: господин этот мог упасть с лошади, убиться и утонуть в проруби. Придет весна, снег стает...

- И кровь убитого улетит на небо с парами! - возразил я мрачно. - Едем!

- До Бога высоко, до царя далеко, - произнес незнакомец, будто вызывая на бой земное и небесное правосудие. - Однако ж ехать точно пора. Вам надобно до суматохи добраться в деревню, оттуда скакать домой на отдохнувшей теперь тройке и потом стараться уйти за границу. Белый свет широк!

Я вспомнил о Полине и бросился к саням; она стояла подле них на коленях, со стиснутыми руками, и, казалось, молилась. Бледна и холодна, как мрамор, была она; дикие глаза ее стояли; на все вопросы мои отвечала она тихо:

- Кровь! На тебе кровь!

Сердце мое расторглось... но медлить было бы гибельно. Я снова завернул ее в шубу свою, как сонное дитя, и сани полетели.

Один я бы мог вынести бремя зол, на меня ниспавшее. Проникнутый светскою нравственностью, или, лучше сказать, безнравственностью, еще горячий местью, еще волнуем бурными страстями, я был недоступен тогда истинному раскаянию. Убить человека, столь сильно меня обидевшего, казалось мне предосудительным только потому, что он был безоружен; увезти чужую жену считал я, в отношении к себе, только шалостью, но я чувствовал, как важно было все это в отношении к ней, и вид женщины, которую любил я выше жизни, которую погубил своею любовью, потому что она пожертвовала для меня всем, всем, что приятно сердцу и свято душе, знакомством, родством, отечеством, доброю славою, даже покоем совести и самым разумом... И чем мог я вознаградить ее в будущем за потерянное? Могла ли она забыть, чему была виною? Могла ли заснуть сном безмятежным в объятиях, дымящихся убийством, найти

24

сладость в поцелуе, оставляющем след крови на устах, - и чьей крови? Того, с кем была она связана священными узами брака? Под каким благотворным небом, на какой земле гостеприимной найдет сердце преступное покой? Может быть, я бы нашел забвение всего в глубине взаимности; но могла ли слабая женщина отринуть или заглушить совесть? Нет, нет! Мое счастие исчезло навсегда, и самая любовь к ней стала отныне огнем адским.

Воздух свистел мимо ушей.

- Куда ты везешь меня? - спросил я проводника.

- Откуда взял, на кладбище! - возразил он злобно.

Сани влетели в ограду; мы неслись, задевая за кресты, с могилы на могилу и наконец стали у бычачьей шкуры, на которой совершал я гаданье: только там не было уже прежнего товарища; все было пусто и мертво кругом, я вздрогнул против воли.

- Что это значит? - гневно вскричал я. - Твои шутки не у места. Вот золото за проклятые труды твои; но вези меня в деревню, в дом.

- Я уж получил свою плату, - отвечал он злобно, - и дом твой здесь, здесь твоя брачная постеля!

С этими словами он сдернул воловью кожу: она была растянута над свежевырытою могилою, на краю которой стояли сани.

- За такую красотку не жаль души, - примолвил он и толкнул шаткие сани... Мы полетели вглубь стремглав.

Я ударился головою в край могилы и обеспамятел; будто сквозь мутный сон, мне чудилось только, что я лечу ниже и ниже, что страшный хохот в глубине отвечал стону Полины, которая, падая, хваталась за меня, восклицая: "Пусть хоть в аду не разлучают нас!" И наконец я упал на дно... Вслед за мной падали глыбы земли и снегу, заваливая, задушая нас; сердце мое замлело, в ушах гремело и звучало, ужасающие свисты и завывания мне слышались; что-то тяжкое, косматое давило грудь, врывалось в губы, и я не мог двинуть разбитых членов, не мог поднять руки, чтобы перекреститься... Я кончался, но с неизъяснимым мучением души и тела. Судорожным последним движением я сбросил с себя тяготящее меня бремя: это была медвежья шуба...

Где я? Что со мной? Холодный пот катился по лицу, все жилки трепетали от ужаса и усилия. Озираюсь, припоминаю минувшее... И медленно возвращаются ко мне чувства. Так, я на кладбище!.. Кругом склоняются кресты; надо мной потухающий месяц; подо мной роковая воловья шкура. Товарищ гаданья лежал ниц в глубоком усыплении... Мало-помалу я уверился, что все виденное мною был только сон, страшный, зловещий сон!

"Так это сон?" - говорите вы почти с неудовольствием. Други, други! неужели вы так развращены, что жалеете, для чего все это не сбылось на самом деле? Благодарите лучше Бога, как возблагодарил его я, за сохранение меня от преступления. Сон? Но что же иное все былое наше, как не смутный сон? И ежели вы не пережили со мной этой ночи, если не чувствовали, что я чувствовал так живо, если не испытали мною испытанного в мечте, это вина моего рассказа. Все это для меня существовало, страшно существовало, как наяву, как на деле. Это гаданье открыло мне глаза, ослепленные страстью; обманутый муж, обольщенная супруга, разорванное, опозоренное супружество и, почему знать, может, кровавая месть мне или от меня - вот следствия безумной любви моей!!

Я дал слово не видеть более Полины и сдержал его.

ЛАТНИК[1]

Рассказ партизанского офицера

Мы гнались за Наполеоном по горячим следам. 22 ноября послал меня Сеславин[2] очистить левую сторону Виленской дороги, с сотнею сумских гусар, взводом драгун Тверского полка да дюжиною донцов. Местом сбора назначено было местечко Ошмяны[3], и я, получив приказание, что делать и чего не делать, на рысях пустился проселками. День был не морозен, но туманен, и порой перепархивал снежок – лихая пороша на зверей и неприятелей. Впрочем, и без нее легко можно было узнать, где прошли французские отряды: взорванные ящики, брошенные повозки, павшие кони и, что всего ужаснее, замерзшие солдаты устлали дорогу. Мы, правда, уж привыкли к подобным картинам и хладнокровно ехали мимо трупов, распухших и посинелых от антонова огня, не заставляя даже усталых коней своих через них перепрыгивать. На лицах этих несчастных

---

[1] Латник. Рассказ партизанского офицера. Впервые – в «Сыне отечества», 1832 год, №№ 1, 2, 3, 4, за подписью: А. М.. с пометкой: Дагестан, 1831.

[2] Сеславин А. Н. (1780—1858) – генерал-лейтенант, герой Отечественной войны 1812 г.; первым заметил отступление французских войск и сообщил об этом М. И. Кутузову.

[3] Местечко Ошмяны – расположено на берегу р. Ошмяны (бассейн Немана), по бывшей Виленской дороге.

видна была тяжкая печать мучительной кончины. Я бы привел туда молодцов, которые, сидя на печке, уверяют, что смерть от мороза – сладкое усыпление; они увидели бы там всю постепенность борения с одолевающею судьбою, борение судорожное, отчаянное тем более, что они обнажены были товарищами заживо, – чувство самосохранения заглушало тогда во всех сердцах голос сострадания, человечества и братства; мертвецы валялись обнаженные, и лишь снег одевал их холодным покрывалом своим. Отсталые и, как видно, последние были еще не совсем раздеты, но одежда их была плоха, изорвана, ноги обернуты соломою; и так велика была неопытность французов, что у многих из них на спинах веяли бараньи шкуры сверх мундира, вместо того чтоб надеть их под испод. Иные сидели и лежали у потухших огней, с которыми потухла в них жизнь; другие сгорели полуживые, не могши от истощения отодвинуться. Всех более поразил меня гренадер старой гвардии: глядим – он стоит вдали, опершись о ружье; подъезжаем ближе – он мертвый. Густая медвежья шапка оттеняла сдвинутые страданием брови и закатившиеся его глаза; из-под огромных усов, на которых недвижимо низался иней, сверкали стиснутые зубы.

Под моей командою был прекрасный молодой человек, поручик Зарницкий, и волонтер Кравченко, полковой аудитор[4], который, видя, что в народную войну нужнее сабли, чем перья, бросил артикул и принялся разрешать гордиевы узлы по-александровски[5]. Малый добрый, храбрый как пуля, зато и тяжелый как свинец, из которого она вылита.

Мы все трое подъехали к замерзшему и с содроганием смотрели на его выразительное лицо. Казалось, душа его улетела к милой родине в последнем взоре, но, улетая, оставила в чертах следы прежней гордости и отваги: движение губ выражало презрение боли, его победившей. Он прижимал к груди товарища своих походов – неизменное ружье, и на этой груди виделись раны.

– Бедняга, – сказал аудитор, – как не жаль эдакого молодца, хоть, между нами будь сказано, и француза: ведь в любой полк во флигельманы[6] годится.

---

[4] Аудиторы – чиновники, исполнявшие при военных судах должность следователя, прокурора и секретаря, а во время походов заведовавшие обозом, квартирмейстеры.

[5] …разрешать гордиевы узлы по-александровски. – По преданию, Гордий, родоначальник одной из фригийских династий, привязал узлом ярмо к дышлу колесницы, подаренной им в храм Зевса. Оракул предсказывал, что тот, кто развяжет узел, будет владеть Азией. Александр Македонский разрубил узел мечом.

[6] Флигельман (нем.) – фланговый солдат.

– Завидная смерть! – сказал я. – Он умер с оружием и стоя.

– Зато какого имени стоит этот Наполеон, бросая таких людей на жертву своему властолюбию! – возразил поручик с негодованием, показывая на мертвеца и на кровавый след его. – Эти кровавые буквы – приговор его осуждения!

– Попадись только Наполеон к нам в когти, – подхватил с жаром наш коротенький аудитор. – я как раз подведу за конец, чтобы его, яко не имеющего дворянского звания, прогнать за побег сквозь строй шпицрутеном, а за мятеж весьма лишить живота!

Так разговаривая, приближались мы к лесу. Двое самых расторопных казаков почти за версту впереди оглядывали дорогу, а несколько других тянулись по бокам и сзади отряда. Вдруг завидели мы, что один из них стал на месте, между тем как другой начал разводить на скаку круги шире и шире. Зная, что это значит, я выстроил людей справа по шести.

– Сабли вон и стой! Равняйся!

Поджидаю, что будет. Страх люблю видеть русского солдата перед делом. Каждый, оглядывая кремень и стирая ногтем полку, шепчет товарищу: «Слава богу, добрались до них!» И потом с такою непритворною набожностью крестит грудь свою, с такою теплою верою взглядывает на небо! И потом так гордо встряхивается в седле, так уверенно смотрит из-под руки вдаль, как будто говорит: «Ну, сколько вас там, бусурманы? Подавай их сюда!»

Синий дымок взвился с пистолета передового казака – и долго после услышали мы выстрел. Казак уже несся к нам навстречу, между тем как товарищ его принялся кружиться перед опушкою и выманил несколько выстрелов.

Неприятель сказался – вперед!

В тот же миг мы выстроили взводную колонну и пошли рысью к лесу.

– Много ли французов, земляк? – спросил я у казака.

– Словно крупа сыплется; да с ними и пушки есть, – отвечал он.

– Тем лучше, – вскричал поручик Зарницкий, – авось они стрельнут в меня Георгиевским крестом!

Скоро мы были на полвыстрела от опушки, однако ни одна пуля не встречала нас. Это что за известие?

Чтобы не наткнуться на засаду, я не прежде ввел своих в лес, как уверившись, что неприятель стянул своих стрелков на дорогу. Спешив драгун с примкнутыми штыками, я оседлал ее, раскинув по чаще в обе стороны застрельщиков. Мы скоро нагнали отступающих французов: отряд их состоял из батальона пехоты при двух орудиях. Жалко и страшно было смотреть на обезображенных усталостию, морозом и голодом гренадеров; смешно бы было видеть их костюмы, если б мы сами не были

28

убраны чуть не так же. И у них и у нас были люди в рясах, в балахонах, в женских шапочках, у кого нога в лапте, у кого в сапоге; мой вахмистр, лихой рубака, целых два месяца щеголял в салопе какой-то купчихи, а я сам был завернут в ковер, посереди которого прорезал место для головы. В столицах смеялись карикатурам бегства французов из России, но поход и бивачная жизнь нарядили и нас в их мундиры; пестрота была невообразимая!

Французский отряд шел медленно, зато в непроницаемом порядке, и с каждым разом, как мы порывались ударить на них, обращался и, твердой ногой ставши, отстреливался. Батальонный командир вился около своих, ободряя их словом и примером. «Allons, courage, mes enfants, – montrez les dents, camarades, serrez vos rangs, halte! Criblez-moi d'importance ces flandrins: ca tient,le coeur chaud; filez, filez, vous dis-je... feu![7]» – и тому подобные приговорки лились у него рекой.

Всякий раз, когда перемежался огонь, голос его слышался громок и внятен. Видя невозможность успеть в нападении по узкой тропинке, мы следовали за ними, по временам меняясь пулями и бранью, которая со времен Гомеровых есть вечный припев сражений и подстреканий удальцов. Неприятельские орудия, подернутые морозом, скрипя и гремя цепями, прыгали через коренья литовских сосен; худые кони, натужась в упор, едва тащили их по гололедице – рвались, скользили, падали; наконец мы заметили, что одно из орудий стало отставать, отставать, и французы, видя, что ни бичом, ни криком нельзя ободрить коней, отпрягли их, загвоздили затравку, изрубили спицы и бросили пушку на дороге.

Разумеется, что и мы сделали то же. Куда нам было возиться с этою дрянью; в двенадцатом году пушками хоть пруд пруди. Мимоходом сказать, большая часть кавалерии и артиллерии наполеоновской погибла не столько от недостатка в кормах, как от безделицы – от неуменья ковать лошадей на шипы. Бедняги на гладких французских подковах оставались, как раки на мели, на чуть-чуть гладкой дороге, и мы нередко ремонтировались брошенными конями, излечая их гарнцом овса и парою цепких подков.

Но лес начал редеть; неприятель выстроил колонну и сдвоил шаг, чтобы через поле скорее добраться до замка, который вдали выглядывал из-за деревеньки. Я усилил фланкеров.

Казаки и гусары мои налетали на колонну, как ласточки на ястреба, и

---

[7] Ну, смелее, ребята, – огрызайтесь, смыкайте ряды, стой! Сбейте спесь с этих бездельников: это воспламеняет сердце; стреляйте, стреляйте, говорю я вам... огонь! (фр.)

щипали его по перу; одни за другими падали французы на следы свои, порой валился ц русский. Мне наскучили эти шутки.

Выбрав чистое место, я развернул фронт, в надежде смять натиском неприятеля и захватить пушку, – но он угадал меня, на бегу выстроил каре, маскировал орудие и стал недвижим. Люди у меня были сорвиголова, наезжены лихо, оружием владеть мастера, прокопчены порохом до костей и так приметались ежедневными стычками к нападениям, что слушались слова начальника пуще пули неприятельской; со всем тем атаковать опытную пехоту конницею – заставит хоть у кого прыгать ретивое. Впрочем, фланговые и замочные унтер-офицеры – это нравственное основание строя – были у нас в отряде народ отличной храбрости. Ходили мы в атаку не иначе как рысью, затем что нестись во весь опор за версту кончается обыкновенно тем, что строй разорвется, многие кони задохнутся, многие понесут и лишь одна горсть отважных доскакивает до неприятельского фронта и, опрокинутая, улепетывает назад быстрее натиска. Кричать «ура» не было заводу, затем что те, которые ревут прежде всех и раньше поры, первые осаживают под шумок коней и оттого расстроивают купность удара. Напомнив гусарам, что и как должны они делать, я повел атаку ровно, смело. Мерзлая земля загудела под мерною рысью; уланские пики, которыми тогда вооружены были и гусары, залепетали флюгерами, и бренчанье оружия раздалось в осеннем воздухе; все это покрывалось изредка словами: равняться, не волноваться, не заваливать плеч! В неприятельском фронте была смертная тишина, мы близились быстро; можно уж было различать бледные лица и сверкающие над стволами глаза гренадеров под наклоненными их шапками. В ста шагах я скомандовал марш-марш и с поднятою саблею кинулся на рогатку штыков; в то же мгновение за криком feu![8] грянул пушечный выстрел, картечи запрыгали около, и густой батальный огонь покатился вдоль фасов, – он развеял наш фронт как пух. Кони смешались, на раненых спотыкались здоровые, мы принуждены были обратиться назад. Картечь и штыки – нестерпимые вещи для лошадиной натуры. Три раза еще порывались мы пробить каре, и три раза были отбиты. Я грыз зубы. Поручик бесновался… но делать было нечего. Пришлось, сберегая людей, ограничиться перестрелкою, ожидая удобнейшего местоположения или времени. Завязать дело было необходимостью, чтобы развлечь внимание неприятельского корпуса. Пускай себе думают, что мы, обманувшись, преследуем Наполеона проселками, между тем как наши летучие отряды катились у него на шпорах.

Так догнали мы храбрых своих врагов до небольшой деревеньки при замке Треполь. Между тем люди и кони мои изнурились давним налетом

---

[8] Огонь! (фр.)

как нельзя более, – надобно было освежить тех и других, а в поле ни стога сена, в саквах[9] ни крошки сухарей; волей и неволей приходилось добыть себе хлеб насущный и ночлег в деревне, прогнав из нее неприятеля. На русского солдата всего сильнее действует такая логика, и когда я объявил им в чем дело, они с жаром кинулись выбивать французов из засады. Впереди шли драгуны в штыки, гусары с карабинами подкрепляли их, казаки зажигали домы с боков, – это подействовало: мы потеснили их до самого замка, ворвались во двор, и, наконец, они заняли только самый корпус дома панского и в нем отстреливались тем отчаяннее, тем безопаснее, что взвезли на подъезд свое орудие и очищали им весь двор, сквозь огромные двери сеней. С других сторон окна были высоко от земли, и потому самою выгодною точкою нападения оставалось орудие, во-первых потому, что к нему и мимо его в дом можно было взбежать по подъезду, а в окна под ружейным огнем – плохая дорога; во-вторых, проникнув в средину, мы бы разрезали осажденных на две половины и, следственно, могли гораздо легче с ними управиться. Чего долго думать.

– Ребята, вперед, ура, в штыки, в дротики! За мной! – закричал мой поручик и бросился на пушку с охотниками; выстрел сверкнул – и наших обдало как варом. Зарницкий упал со стоном, и солдаты отступили в беспорядке. Я был впереди, кричал, сердился, приказывал, грозил – все даром: люди мои будто ничего не слыхали, перестреливаясь издали, медленно, лениво, – я кипел негодованием и досадой.

Вдруг, видим мы, несется к нам на рыжем копе всадник, в черных латах, в блестящей каске, из-под заброшенной за спину шинели сверкал штаб-офицерский эполет. Прискакав под выстрел, он спрыгнул с коня и обнажил палаш свой.

– Вперед, вперед! – крикнул он. – Сомкни ряды. Господин ротмистр, вы должны непременно взять этот замок! Ребята! вы русские, – вам стыдно отступать, за мной, товарищи; я ваш начальник; смерть тому, кто отстанет, – на руку, ура!

С этим словом он кинулся к стене, не оглядываясь назад, как будто уверенный, что магический пример его увлечет всех за собою. И в самом деле, нежданное появление этого латника, его колоссальные формы, его бесстрашная осанка, его повелительный голос показались солдатам чем-то сверхъестественным; они ожили, посильнели.

– Ура! – раздалось в ответ на призыв латника, на усиленный огонь французов, и все мы кинулись к подъезду, вынося друг друга на плечах; выстрел, картечь через головы, пошла резня рукопашная. Мы ворвались в комнаты, и дело решилось. Кирасир рубил без пощады; каждый взмах его падал смертью, – он рассек голову французскому батальонному

---

[9] Саква (сак) – холщовая переметная сума на седло для овса или сухарей.

командиру, едва тот успел завалить затравку, и несчастный упал в крови через лафет; солдаты мои остервенились потерею многих товарищей и с ожесточением кололи всех французов и вооруженных шляхтичей, упорно против нас защищавшихся.

Картина была ужасная!

Пороховой дым густыми облаками ходил по залам; кровь, смешанная с рассыпанным порохом, залила паркет, на котором лежали, между множеством трупов, украшения потолка, обрушенные от выстрелов. Разъяренные победители ломали мебели, били стекла и зеркала, обдирали обои; наконец, вызванные из замка для фуражировки, добычи, гораздо для них нужнейшей самого золота, они рассыпались по деревне, и в замке все утихло. Воображать себе, что солдаты в военное время так смирны, как это пишется, – надо быть или очень легковерну, или вовсе слепу: общая опасность уравнивает больше или менее все чины, а необходимость заставляет глядеть сквозь пальцы на некоторые своевольства. Так идет в строю; в летучем же партизанском отряде, которого главная цель есть вредить неприятелю всякими средствами, вести, так сказать, разбойничью войну, – еще более случаев пограбить за глазами начальников. Следуя правилу своему – расхищать, что могут найти, истреблять, чего нельзя унести, чтобы врагу не досталось ни синего пороха, ни соломинки на кровлю, ни прутика для огня, – мои молодцы с особенною ловкостию пустились шарить и шныхарить. Взяв все предосторожности от внезапностей, я велел караульным разложить в одной из комнат, менее других пострадавшей, огонь в камине и перенес туда оконтуженного поручика. Он кряхтел и бранился, между тем как фельдшер натирал ему больной бок спиртом. Я, усталый, лежал перед огоньком на гусарских плащах. В окно светило зарево пожара, и от времени до времени слышались в селении пистолетные выстрелы.

– Проклятая пушка! – приговаривал, охая, Зарницкий при каждом разе, когда фельдшер касался до контуженного места. – Она, словно клад, не давалась мне в руки. Под Красным французская сабля мне хотя прорезала на груди петлицу, да по крайней мере я вдел в нее «Владимира» с бантом, а эта упрямица отбоярилась от меня одним чугунным поцелуем. Ох, проклятая пушка!

– Утешься, Зарницкий, она не ушла от нас! – сказал я.

– Да не пойдет и с нами. Дорога еще не окрепла, кони истощены, и колеса будут резать за ступицы. Она свяжет пас по рукам и по ногам; при летучем отряде не впору ползти этому медному тюленю.

– О перевозке не заботься: я уж велел положить ее на розвальни, и тебя жалую начальником всей нашей зимней артиллерии.

– Эта зимняя артиллерия нагрела мне бок похуже Петровок; да скажи, пожалуй, куда девался этот кирасирский великан, который выхватил у меня пушку из-под носу? Когда я очнулся, то в облаках серного дыма он, в белом мундире и в латах своих, показался мне за привидение. Нечего сказать, удалец, – он крошил палашом своим, как будто в кулаке у него сидел целый легион чертей, и метался в схватке, будто на нем надета была заговоренная кожа Ахиллеса[10]. Не убит ли, не ранен ли он?

– Не знаю. Видел его я до самого конца дела, в запальчивости он истреблял встречного и поперечного; не было пощады даже тем, которые просили пардону. Кровь струей бежала с его клинка, с особенною, какою-то дикою радостью рубил он вооруженных врагов, и всякий раз, когда человек падал трупом к ногам его, он, вглядываясь в лицо, восклицал: «Это не он! все еще не он!» и спешил далее. Мне сказывали – увязавшись за кем-то в погоню, он исчез в потемках... Может статься, где-нибудь и застрелили его... Я велел всюду его искать, но до сих пор еще не нашли латника.

– Нашли, нашли! – кричал, вбегая, запыхавшись, наш кубический аудитор.

– Ура! наша взяла! Мир России, слава и честь аудитору двенадцатого класса Кравченке; поздравьте меня, обнимите меня, расцелуйте меня в лепестки. Уф!.. я не могу более...

При этом он упал в кресла и, пыхтя, с гордым видом поглядывал на нас свысока. Мы с улыбкою взглянулись, желая найти на лице другого разгадку этим междометиям.

– Теперь мое имя будет сиять не в одних скрепах шнуровых книг – оно загремит в реляциях, в газетах, в историях!.. – продолжал Кравченко, собравшись с духом. – Да, да, в историях!

– По крайней мере в какой-нибудь комедии, – сказал поручик, следя глазами аудитора, который в припадке самодовольствия вертелся и прыгал по комнате, словно кубарь.

– Чинов, крестов, пансионов – бери не хочу! Да то ли еще? На меня сбегутся смотреть стар и мал, когда я приеду в Петербург, как на моржа, который в кадке играет на гитаре. Меня наперехват будут звать вельможи на обеды, а про места и говорить нечего – хоть в министры юстиции; впрочем, господа, я и в счастии не позабуду вас... Вы, пожалуйте, обращайтесь ко мне по-дружески, если припадет нужда, – для кого же и

---

[10] ...заговоренная кожа Ахиллеса. – Тело Ахиллеса, одного из храбрейших древнегреческих героев, было неуязвимо, кроме пятки, за которую держала его мать, богиня Фетида, купая ребенка в волшебном ручье. В Троянской войне он и был смертельно ранен в пятку стрелой Париса.

не послужить в случае, когда не для старых приятелей? Кстати, господа, вы будете моими дружками, когда я женюсь на дочери Платова![11]..

Мы долго смотрели серьезно на его проказы, как он, подымаясь на цыпочки, воображал, что задевает носом за облака; мы долго слушали его нелепости, но при последнем восклицании хоть и уверились, что он рехнулся, но никак не могли удержаться от смеха, – так забавен был наш маленький человечек. В свою очередь и он с удивлением глядел на нас из широких кресел, как сытый кот из слухового окна; он не постигал, чему хохочем мы, схватясь за бока.

– Не проглотил ли ты, любезный Лука Андроныч, чертенка вместо мухи? – спросил поручик.

– Не опоили ли тебя французы дурманом? – сказал я.

– Или не хочешь ли ты прикинуться сумасшедшим, чтобы поправить прежнюю репутацию своего рассудка? Авось скажут, коли сошел с ума, верно было с чего, – подхватил Зарницкий.

– Не худо бы вам успокоиться, – примолвил я. – От бессонницы долго ли приключиться белой горячке?

– Советовал бы я вам пустить себе самим рожечную кровь... – отвечал с досадою Кравченко. – Экая невидаль – дочь Платова! Да чем бы я не зять атаману? Ведь он сам объявил всем и каждому циркулярно, что кто захватит Наполеона, за того он отдаст дочь свою, будь он простой казак, не только аудитор двенадцатого класса, представленный к получению «Анны» на шпагу![12] Разве не слыхали вы этой новости?[13]

– А вы небось ей поверили? Знайте же, господин аудитор двенадцатого класса, представленный к получению «Анны» на шпагу и проч., и проч., и проч., что у Платова нет дочери-невесты, что он никогда не думал и не гадал объявлять подобного предложения. Но если б даже, по щучьему веленью, а по вашему хотенью, у него и была бы дочь, если б даже нелепая лотерея эта была в самом деле вещь сбыточная, – я все-таки не вижу, почему бы наш Лука Андронович мог иметь право на ее руку?

– Не только на ее руку, ротмистр, на ее обе руки, на нее всю с головы

---

[11] Платов Матвей Иванович (1751—1818) – герой Отечественной войны 1812 г.. атаман донского казачьего войска.

[12] ...в получению Анны на шпагу! – Голштинский орден св. Анны, учрежденный в 1735 г. с 1797 г. вошел в состав русских орденов.

[13] Кто не помнит этого слуха во время Отечественной войны? Это была выдумка, но выдумка, характеризующая дух народный; она объяла всю Европу. Я видел английскую картину, изображающую прекрасную казачку, с надписью: «Miss Platoff», и внизу: «I join my heart to my father's will», то есть предаю сердце к воле отеческой, (Примеч. автора.)

до ног, с душою и сердцем и с богатым приданым барыша. Да неужели я до сих пор не объявил вам о славном моем подвиге, о счастливой находке своей?

Там, в темном подвале, в самой трущобе, между хламом и ломаною мебелью, знаете ли, какой клад открыл я?

— Верно, бочонок с водкою или свиной окорок, — хладнокровно отвечал поручик. — Я не знаю, что бы иначе могло до такой степени переболтать все параграфы умственного артикула в голове нашей полевой юстиции!

— О, зависть, зависть! — вскричал Кравченко, поднимая свои телячьи глаза к потолку. — Едва успел я отличиться, меня заране хотят унизить насмешками, отбить славу клеветою. Пусть! Разве не все великие люди имели такую же участь, — да хотя бы и не все?.. Я тем не менее свершил дело знаменитое и заверил его законными и уважительными свидетельствами; теперь никто в свете не оспорит, что я этими руками взял в плен Наполеона!

— Наполеона? — вскричал поручик, вскакивая со стула невольно. — Наполеона, который уже два раза ускользнул у нас между пальцев, вы, сударь, ты, Кравченко, взял Наполеона?

— Я, сударь, я сам взял Наполеона с мясом и с костями, говорю я вам!.. Неужто я не знаю его проклятого носа, его зеленых глаз, его синего мундира и шляпы корабликом? Разве не двадцать раз видел я его — во сне и на карикатуре! Да вот он и сам — лукавый легок на помине.

Мы оба очень мало верили проницательности аудитора, еще меньше — возможности захватить на этой дороге Бонапарта; но достичь его было самою меткою мечтою, самым пылким желанием, так сказать осью помешательства, — ив этот раз, по обыкновенной всей людям слабости к вестям самым несбыточным, впали в раздумье. «Чем черт не шутит! — ворчал поручик. — Легко статься может, что Наполеон нарочно кинулся проселками, обманывая погоню! Может, истребленный батальон был его конвоем!.. Из чего бы иначе им так упорно было драться!» В таких мыслях бросились мы к дверям, в которые входила толпа наших наездников с пленным посереди.

— Вот он, вот он! — шумели гусары. Они уж вспрыснули победу некупленного водкою, и были, что называется, навеселе, и еще более расхорохорились от уверений аудитора.

— Я первый увидел его, ваше благородие! — сказал, выступи вперед, рослый драгун.

— Я первый нашел его! — восклицал другой, пристукивая каблуком, чтоб его не забыли, так мочно, что с потолка падала известь.

— Я первый схватил его!.. — уверял казак.

— Я вытащил, я держал за руку, за ногу, за шею!.. — кричали другие.

– Без нас он бы дал стречка! – вопияли третьи. Я велел всем молчать.

– Подведите-ка пленника ближе к огню.

– Бросьте в огонь – только дайте мне расписку, что получили от меня Наполеона в целости, – ворчал аудитор сквозь зубы.

Пленник приблизился, и мы с жадностию, почти с трепетанием страха и надежды устремили на него глаза: перед нами стоял тамбурмажор[14] какого-то егерского французского полка, с преглупою и вместе с прежалкою рожею; общипанный мундир с полинявшими галунами, треугольная шляпенка на голове и на ногах вместо сапогов русские рукавицы – вот в каком виде представился нам двойник всемирного завоевателя. Надобно к этому прибавить, что, избегнув побоища, он был бледен как смерть, исключая носа, из которого и сам страх не мог выжать винного румянца. Он трепетал всем телом, потому что солдаты в жару патриотизма провожали барабанного императора, кажется, не одними угрозами.

Мы покатились со смеху. Аудитор между тем, выставя одну ногу вперед и водя чуть не по лицу пленника указательным пальцем, начал разбирать его по частям.

– Видите ли вы этот желтый, пергаменный лоб, на котором написаны его сатанинские замыслы? Видите ли этот ястребиный нос, который за тысячу верст чует добычу? Видите ли зеленые как у змея глаза, которыми он наяву морочит человека, эти коротенькие руки с длинными когтями, это крутое брюхо, которое было несыто, проглотив целиком Европу?.. Видите ли, что у него на лице написано число 666[15], он же есть антихрист, сиречь Аполион, то есть Наполеон Бонапарт?

– Прокатись-ка верхом, любезный Лука Андронович, на этом пленнике, ты будешь точно грех на звере Апокалипсиса!

– Не под седло, а под нозе русских надо низвергнуть этого супостата. Зачем ты навалился на Русь с двудесятыр язык? Говори, отвечай! Не заминайся! – вскричал аудитор. – Признайся… кто у тебя были на Руси сообщники?

Бедняга тамбурмажор стоял ни жив ни мертв и дрожал словно осиновый лист, видя, как петушится около него аудитор, которого, без сомнения, он считал по крайней мере главным начальником отряда. «Mon

---

[14] Тамбурмажор – старший над музыкантами в полку.

[15] ..у него на лице написано число 666… – Число 666 – «звериное число» в Апокалипсисе (одной из книг Нового завета), под видом которого якобы скрыто имя антихриста. Церковники утверждали, что Наполеон I – «апокалипсический зверь» (антихрист), находя в численном значении еврейского начертания его имени число 666.

capitaine, mon colonel, mon general[16]», – твердил он ему при каждом слове, прося пощады; но тот не хотел принимать от корсиканского выходца ни даже маршальского достоинства. Наконец нам стало жаль этого копеечного Наполеона, и я, попрося нашего героя успокоиться, сказал ему, что он очень ошибся в своем призе – что это ни больше, ни менее, как французский тамбурмажор, то есть почти барабанный староста.

– Хитрости, притворство, лицемерие! – воскликнул наш аудитор. – Вот еще новости – тамбурмажор! По барабану этого старосты плясала вся Европа, так пускай теперь спляшет по нашей дудке. Как ты ни зовись, мусье Наполеон, чем ты ни прикидывайся, а не миновать тебе железной клетки, как Пугачеву: будешь в птичьем ряду в Москве на потеху ребятишкам! Вы, господин ротмистр, как я усматриваю, хотите изменить отечеству и отпустить этого антихриста, – так знайте, что если это сбудется, я донесу обо всем высшему начальству... Будьте уверены, я возьму свое... Ни пенсия, ни приданое не ускользнут от моих рук!

Я вовсе не был расположен сердиться и потому очень скромно, однако ж твердо сказал ему, чтобы он не вмешивался в мои распоряжения; что если мне дана власть, то, само собой разумеется, возложена за нее и ответственность, только не перед ним; что по окончании наезда он может доносить что угодно и кому угодно, но когда будет писать об этом приключении, то не худо бы прибавить туда статью: что он, г-н аудитор двенадцатого класса, представленный к ордену св. Анны 3-й степени, был не в полном разуме.

– Эта статья будет излишняя, – заметил поручик, пуская ему под нос клубы дыму, – и без нее никто в этом не усомнится. Впрочем, я не знаю, любезный ротмистр, почему бы не послать в главную квартиру Луку Андроновича курьером вместе с этим Наполеоном, они развеселили бы всю армию на целую неделю.

Аудитор принял это за чистые деньги и вытянулся, как фельдъегерь, готовый получить подорожную. Но я в таком же тоне возразил, что, по недостатку в нашем отряде хлеба и водки, для нас самих необходимо подобное ободрение. Я велел, между прочим, стеречь этого пленника да осмотреть его.

– И всеконечно осмотреть! – вскричал аудитор. – Говорят, супостат завсегда носит в перстне яд. Умри он – так и поминай как звали дочь Платова, невесту мою.

– Разумеется, осмотреть, – примолвил насмешливо поручик, – того и гляди, что у него нос заряжен картечью: сохрани боже чихнет, так и жениху не уйти.

16 Капитан, полковник, генерал (фр.)

– Мы уж и то обшарили его до самой кожи, ваше благородие, – отвечал один из гусаров, – да ничего не нашли в карманах, кроме двух накрахмаленных воротников и фабренной щеточки!

Рассерженный аудитор уселся в углу, что-то ворча про себя. Пленника увели очень довольного, что избегнул побоища по счастливой ошибке. Мы с поручиком уселись у огня. Не прошло пяти минут, к нам опять тащат другого пленника: казаки, которые чуют золото лучше всякого горного офицера, то пробуя шомполом стены и пол на звук, то наливая воду на землю, чтобы угадать по тому, скоро или медленно она всасывает ее, не взрыта ли она недавно, то перерывая даже золу в печках, – казаки, говорю, вытащили с чердака эконома замка, предоброго старика. Ободрив его ласковыми словами, мы от нечего делать принялись его расспрашивать, чей это замок, и то, и се, и пятое, и десятое. Вот вам вкоротке, что рассказывал дворецкий.

– Поместье Треполь – родовое князей Глинских. Последний из них, Наримунт Глинский, мой добрый старый господин, – помяни бог душу его, – имел дочь Фелицию, панну, такую красавицу, что загляденье. Женихов около нее вилось словно пчел около майского розана, только она от них отшучивалась, – видно, мила ей казалась воля девическая. В околотке, года за три до этого, расположена была русская артиллерийская рота… Ею командовал капитан… дай бог памяти, имя такое мудреное, что нейдет ни в ум, ни из памяти. Собою был он человек рослый, видный – молодец лицом и поступью, а уж сердцем да обычаем так что твоя красная девушка! Он стоял в замке… с панной Фелицией бывал с утра до позднего вечера… Молодежь-то крепко полюбилась друг другу, да и сам князь был не прочь сыграть свадьбу, благословить дочь за капитана: он страх любил русских, все, бывало, говаривал, что он сам русской крови. Вот уж дело пошло и на ладах. Капитан был повещен женихом панны Фелиции; он и она были чуть не в небе от радости; да и вся дворня и хлопы, не то что соседи, не нарадовались, что у них будут такие добрые господа. На беду ли, на грех, перед самым шлюбом (свадьбою) пишет мать капитану, что она больна и хотела бы благословить его своей рукою, на советную жизнь и на всякое счастье… Капитан свернулся мигом в дорогу… Слез-то, слез было на расставаньях, что не приведи господи, индо вчуже сердце разрывалось. Панна Фелиция упала в обморок, когда он сел на коня, ветер замел следы его на песке, – бог не судил жениху воротиться. Здесь жил тоже дальний родственник старому князю, грабе[17] Остроленский. Лицом, нечего сказать, красавец, зато душою вьюн; он опутал старика сетью шелковою, да и к жениху подпал он таким другом, что ни тот, ни другой

---

[17] …грабе… (грабий, польск.) – граф.

не пили, не ели без него. Промежду тем он исподтишка больно зарился на панну Фелицию и спрятал в сердце досаду, когда капитан оторвал у него от губ подвенечную чару. Чуть уехал капитан, грабе стал рассыпаться мелким бесом пуще прежнего: улещает старика, плачет, словно от луку, с невестою. Уж не ведаю, как это сталось, только мы стали получать от капитана письма день ото дня реже, и с часу на час холодел к нему старый князь Наримунт. Вестимо, панове, дело заглазное; оправдать его было некому, а наговаривать на далекого нашлись добрые люди. Грабе, как жаба, лежал у старика на ухе. Вот и совсем перепала весть о женихе; месяца с четыре ни слуху, ни духу, ни загадочки. Панна Фелиция не осушала очей на солнышке; сидит, бывало, в своей комнате под окном, глядит на дороженьку да горюет, бедняга. Привозит однажды ездовой из города почту. Господа в то время сидели за столом тихо, печально, словно на похоронах. Только пан грабе шутил и смеялся, чтобы развеселить гостей. Подал ездовой князю связку писем, наверху одно с черною печатью. Открыл князь, прочел его и молча передал дочери... Не успела та заглянуть в него – вдруг побледнела, как платок: то была страшная весточка для невесты – жених ее умер.

Время текло у нас тише воды; в гостиных было как на кладбище. Не прошло полугода, слышим; объявляют, что пан грабе Остроленский женится на нашей ксенжничке (княжне)! У девушек коротка память, панна Фелиция, однако ж, не забыла прежнего милого; ее принудили выбрать другого. Отец твердил то и дело: «Я не проживу долго, дай себя увидеть не сиротою, выйди да выйди замуж за грабия»; надо было потешить отца на старости лет. У нас отпраздновали свадьбу. Нечего и говорить, что всего было вдоволь, всего, кроме радости, про любовь ни помину. Не прошло месяца, все оборотилось у нас вверх дном. Пану грабе нужно было не сердце, а приданое Фелиции. Старик отдал ему полную волю в доме и в именье, да и стал у себя первым невольником. Никому не стало житья от нового господина. Он сбил со двора даже старых собак, не то что покоевцев и ловчих. А уж глядеть на нашу милую пани Фелицию – так сердце кровью заливается: чего-то, чего она не перенесла от злости мужа! Попреками да укорами отравлял он ей каждую ложку за обедом и, наконец, до того мучил ее, что заставил принимать к себе свою отъявленную любовницу – настоящую змею подколодную, которая, бывало, спит и видит, как бы огорчить нашу голубку своею наглостью. Бедная графиня сохла, как былинка на камне, таяла, как свеча воску ярого, плакала перед одним паном богом и молчала перед добрыми людьми. Правду сказать, добрые люди скоро покинули замок наш, ворота заросли травою, и двери в столовой приржавели к петлям, – бог снял свое благословение с маионтка княжего после смерти старика Наримунта. То дождь вытопит луга, то град побьет хлеба, то зверь попортит стадо; а карты, эта бесовская грамота, рассыпали по чужим карманам дедовское серебро и золото. Напировавшись со своими панибратами досыта, граф стал уезжать бог весть куда. Настала осень, желтый лист засыпал дорожки сада, однако барыня, не глядя на ветер, бродила по нем будто на прощанье с божьим светом. В один день в сумерки (тут дворецкий оглянулся во все стороны, и, уверясь, что его никто не подслушивает, перекрестился, и, понизив голос, продолжал) – это рассказывал мне покоевец, который завсегда издали ходил за нею... в один день в сумерки она возвращалась тихими тагами в замок, печальна, бледна, потупив голову... как вдруг перед ней стал всадник на вороной, как воронье крыло, лошади... Покоевец присягал на свою душу, что все двери сада были заперты накрепко и что он не слыхал ни топоту, ни ржания конского, – он явился как тень, спрыгнул долой и схватил графиню за руку. Между тем как перепуганный покоевец стоял как вкопанный, всадник что-то тихо и долго говорил с нею... что-то похожее на поцелуй раздалось впотьмах, и вдруг графиня застонала пронзительно... Когда слуга подбежал к ней, черного всадника уж не было! Наутро не нашли даже конских следов по дорожкам сада. Спрашивать о том графиню никто не смел; сама она молчала. Когда ей после этого испуга предложили лекарства, она отвечала, что все напрасно... что она знает наверное час своей смерти и что, едва прорежется рог у нового месяца, ее не станет. С той поры в каждую пятницу сиживала она по вечерам в этой самой комнате, одна-одинехонька с своею собачкою, до поздней ночи, без свечек... и словно с кем разговаривает. Здоровье ее стало на закате, час от часу плоше: похудела, хоть насквозь гляди... И вот на ущербе месяца ей стало очень трудно, а все еще на ногах бродила. В четвертую пятницу она опять пришла сюда сидеть у этого окошка и глядеть на поле, покрытое снегом. Било уж одиннадцать ночи... Вдруг все ее ближние послышали: кто-то всходит тяжелой стопой на лестницу. Что за диво! Наружные двери я сам запер крепко-накрепко. Слушаем: чудится, будто графиня с кем-то разговаривает... Тише, тише, тише, все утихло. Со страхом вбежали в комнату ее панны, глядь – графиня лежит на софе в обмороке... Назавтра поутру приехал грабе из Вильны, и в следующую ночь, – когда блеснул ноготок молодого месяца, – она скончалась. Радость, которую наш пан не хотел и скрывать, мучительная кончина графини так скоро после его приезда и синие пятна, проступившие на лице покойницы, – все это, панове, свело на него подозренье, будто графиня умерла от яду. И то сказать: кого не любят за дело, на того сплетают и небылицы... Бог судья, правда ли это; осудитель бог, если это правда! Только граф, едва переждавши три месяца после похорон, женился на прежней своей любовнице. Сказывали, что на кладбище у кляштора[18], где положена графиня Фелиция, три раза после того являлся черный всадник неведомо откуда, скрывался неведомо куда. Так прошло два года. Грабе наш, схоронив с первой женой совесть последнюю, разорил крестьян, измучил всех нас и, наконец, отослал в землю и вторую жену. После этого, слава папу богу, он уехал служить во Францию, и с тех пор мы не видали его до вчерашнего дня; он воротился беглецом из Москвы, как раз возмутил всю околицу, скликал шляхту, вооружил неволею слуг и хлопов своих, чтобы драться против русских, до смерти: ему, вестимо, не жить в родине – именья и доброго имени не выкупить из черного долга. Вы видели, что он рубился напропалую. Однако ж у него в саду заготовлена была лошадь для побегу, и наши сказывали, что пан ускакал, когда увидел беду неминучую. Дай пан бог, чтобы он никогда к нам не ворочался!

Старик кончил. Я успокоил и выслал его.

Аудитор спал в углу, сидя, мертвым сном; поручик сидел в глубокой думе перед камином. Простой рассказ дворецкого нас тронул обоих.

– Как несправедливо жалуются писатели, будто мы живем не в романическом веке! – сказал я. – Пусть заглянут в деревни, в маленькие городки, где еще не истерлась характерность и особенность с лиц, и они найдут неисчерпаемый источник, ключ прямо русский, самородный, без примеси. Притом, покуда существуют страсти и слабости, развиваемые обстоятельствами или связанные узами приличия, человек всегда будет любопытен, занимателен для человека; каждый век только обновляет новыми образами сердце. Я уверен, что, перебравши тайные предания каждого семейства, в каждом можно найти множество разнообразных происшествий и случаев необыкновенных. Сколько ужасов схоронено в архивной пыли судебных летописей! Но во сто раз более таится их в самом блестящем обществе! Я знал многих, которые подписывали чуть не смертные приговоры с гордым лицом, на котором бы должно лежать заслуженное клеймо отвержения; я знал людей, которые громко вопияли против порока и не заглушили тем голоса сознания в собственных злодеяниях!! Но, оставя умышленное, сколько еще остается случаев от неведения, от неопытности, от заблуждения!

Зарницкий молчал.

Он был из числа тех людей, которых мы привыкли называть мечтателями: от самой шумной веселости, от самого насмешливого разговора отпадал он вдруг в глубокую думу, в грусть неразвлекаемую, и тогда вы бы сказали, глядя на его неподвижные очи, что пред вами один труп его, а душа улетела. В другое время, напротив, вы бы могли видеть на

---

[18] Кляштор (польск.) – монастырь.

лице его всю игру мыслей, как работу пчел в стеклянном улье. В этот раз он будто пробегал даль: то словно сам чего-то бежал с робостию, то улыбался младенчески.

– Друг! – сказал я, тихонько ударив его по плечу, – верно, душа твоя была теперь в домовом отпуску?

– Правда, – отвечал он, очнувшись, – тишина и сумерки стелют моему воображению мост на родину. Рассказ этого старика освежил во мне многие картины из моего младенчества, из моей юности. Но всего более эта унылая песня сырых дров, это завыванье трубы, словно призыв какого-то великанского рога, напомнили мне старину, когда, лежа в постели, я любил слушать ветер, стонущий сквозь трубу печки. Чугунная вьюшка звучала, как далекий погребальный колокол, и зимняя вьюга, сыпля иглами инея в стекла, рассыпалась едва слышною гармоникою. Какой-то новый мир, вовсе незнакомый, ощутительный, но безвидный, обнимал меня; какие-то чудные существа теснились к душе… Мне казалось, я слышу лепет их крыльев, шум стоп, жар дыхания, невнятный их говор. Еще более… порою предо мной вились, сверкали, огнились символические их письмена, которые вместе были и буквами и живыми образами; самые звуки принимали на себя какую-то неопределенную форму. Не умею выразить, что бывало со мной в этой дремоте: я трепетал, как струна, издающая божественный голос; томный и вместе сладостный ужас пробегал по моим жилам; я хотел постичь его и болезненно сознавался, что природа не дала самой душе органов для вкушения этого безыменного чувства; на меня находила тогда тоска; я походил на человека, который страстно любит музыку и страждет случайною глухотою. Бывало, завернувшись в одеяло с головою, из подобного состояния я переливался в чуткий сон; и в нем еще явственнее, еще живее мои видения кружились около; по тогда я уже сам становился действующим лицом: говорил, как Демосфен[19], читал неведомые, прелестнейшие поэмы, но от них при пробуждении оставались во мне только ощущение восторга, только слеза умиления. То ли еще: я летал птицею в безднах, я плавал как рыба, я как воздух проницал в глубь земли. Мне виделось, что я мог глядеться в душу свою, и чужие речи и мои мысли вставали, проходили передо мной, воочию совершались, как говорят русские сказки. Особые места действия, особый круг знакомства, особенное родство имел я в сонном мире своем; но каков был он, но кто эти знакомцы и родные, память моя не могла схватить, пробудившись совершенно. Зато всякий раз, склоняя голову на подушку, я обнимал ее, как друга-чародея, который унесет меня к милым.

---

[19] Демосфен (384—322 гг. до н. э.) – древнегреческий оратор и политический деятель.

Отрадно плыть во сне туманной Летой, Забыв часов бряцающую медь,
В видениях пожить вне жизни этой и без кончины умереть!!

Моралисты сулят покой несчастным за дверью гроба; зачем ходить так
далеко? Сон есть лучший уравнитель в жизни. Когда вздумаешь, что царь
и последний поденщик, богач и бедняк, одинаково проводят треть суток,
первые не пользуясь своими преимуществами, последние забывая свое
горе, – то какое-то утешительное чувство проникает в душу. Я еще
допустил, что счастливец и несчастный проводят одинаково пору сна, –
но обоим ли им стелет постель усталость и чистая совесть? Не сидит ли
часто раскаяние у золотошвейного изголовья, не дарит ли воображение
царскими снами бедняка?

Ты спросишь, откуда пробился ключ этих наслаждений моих, это
перемещение сонных призраков в явную жизнь и действительных вещей в
сонные мечтания? Мне кажется, этому виною было раннее верование в
привидения, в духов, в домовых, во всех граждан могильной республики,
во всех снежных сынков воображения мамушек, нянюшек, охотников-
суеверов, столько же и раннее сомнение во всем этом. Нянька
рассказывала мне страхи с таким простосердечием, с таким внутренним
убеждением, родители и учители, в свою очередь, говорили про них с
таким презрением и самоуверенностию, что я беспрестанно волновался
между рассудком и предрассудком, между заманчивою прелестью
чудесного и строгими доказательствами истины. Куда был перевес: на
сторону ли впечатления или на сторону убеждения – угадать нетрудно.
Правду сказать, человек всегда предпочитает то, чего он не может
постичь, тому, чего постичь нет ему охоты. Эта борьба, однако же, не
истребив совершенно моей наклонности к чудесному, отняла у него
нелепую одежду, в которую облекло его народное суеверие. Разумеется,
чем более мужал мой рассудок, тем приметнее влияние чудесного на меня
уменьшалось: образы его бледнели, блекли, исчезали, сливались с
пространством, как утренние туманы. Но веришь ли? – до сих пор бывают
минуты, в которые готов я почти увлечься поверьями моего детства. И как
я люблю переживать вновь годы этого детства! Весна моя расцветает в
памяти чудными цветами, причудливыми цветами – со всем их
благовонием, со всею свежестию красок; я наслаждаюсь тогда даже
минувшими ужасами, и замечу странность: это осуществление минувшего
случается со мной наиболее после сильных движений души или тела,
после сильных потрясений. Кажется, что ослабнувшие струны организма
способнее принимать лад нежных лет наших и от малейшего повева
поминки звучат знакомую, любимую песню.

Однако ж рассказ старика дворецкого разбудил в душе моей не одни
полуясные, неопределенные воспоминания. Нет! он оживил

происшествие, очень подобное им рассказанному, происшествие, близкое моему сердцу. Не сказка и не выдумка, слепленная на потеху приятелей, будет повесть моя, в ней от слова до слова – все истина.

Дед мой с матерней стороны был князь Х-ий; я будто впросонках вижу его темную, суровую физиогномию, его высокий рост... его жесткий голос. Не знаю, отчего, только я боялся его ребенком как нельзя более. Как ты хочешь, а мне кажется, природа одарила всех тех инстинктом, в которых не развила разума, и дитя, находясь в этой категории, почти всегда безошибочно угадывает в каждом встречном друга или недоброхота. Князь был, можно сказать, неистового нрава – горд своим родом и богатством в обществе, невообразимый деспот в семействе. Как наибольшая часть воспитанников старого века, он людей считал средствами для своих выгод, детей – куклами для забавы; сохрани бог, чтоб они осмелились думать, не только поступать, иначе, как по его воле, то есть по его прихоти. У него были два сына и дочь. Он успел подавить в первых всякое благородное чувство, всякую вспышку разума, и они зачерствели в своем невольном ничтожестве, в своем вечном ребячестве. Их отправил он на службу в столицу. Совсем другое сталось с дочерью. Угнетение, уничижение, под которыми держали ее, пробудили в ней гордую душу, которая без того никогда бы, может быть, не проснулась. Она почувствовала и уверилась, что правда и добро могли существовать и вне речей, вне поступков отца ее. Случай способствовал этому развитию.

Лиза потеряла мать еще в ту пору, когда не могла вполне оценить этой потери, именно по тому самому великой. Отец не удостоивал заниматься ее воспитанием. Он думал, что совершил великое благодеяние, платя мадамам и навербовавши к ней кучу учителей – без выбору и без призору. Нежность его ограничивалась тем, что он утром и вечером допускал дочь к ручке своей да всякий месяц дарил ей на булавки.

В числе учителей Лизы приехал из Москвы недавно выпущенный из университета адъюнкт Баянов. Он был очень статный, умный, добрый юноша; дворянин небога-тый, но стоящий богатства. Лизе было тогда пятнадцать лет, и он с жаром принялся за ее образование; уроки были наслаждением для обоих. Она радовалась познаниям, он – успехам своей ученицы. Ничего нет чище, возвышеннее, святее удовольствия, какое чувствуем мы, передавая, вверяя благородные чувства и светлые мысли другим. Тогда мы прилепляемся к ним любовью отеческою; и в самом деле: вложить в человека душу разумную, доблесть живую – не значит ли создать, родить его для добродетели, и не ценнее ли это родство родства телесного, не священнее ли самых уз крови?..

Однако ж скоро, хоть незаметно для неопытных, вмешалась в их дружество душевное любовь более нежная, более страстная, любовь

44

сердца. Минуло четыре года… учение кончилось… и любовники тогда лишь узнали, что взаимность для них не только счастие жизни, но самая жизнь… когда судьба погрозилась разлучить их. В одну и ту же минуту они испытали весть разлуки и признание в любви, первый поцелуй восторга и первые горькие слезы печали. Они поклялись быть верными до гроба, это уж так водится искони: для молодых людей все кажется легко, для любовников – все возможно.

Они не знали, с кем имели дело.

Старику Х-му наскучило нянчиться с дочерью. Она была невеста, и, что всего важней, невеста богатая: мать отказала ей одной все свое приданое, все движимое и недвижимое. Однако, желая сбыть с рук дочь, ему не хотелось расстаться с ее имением, и вот для чего удалял он от Лизы женихов, которые по уму или по связям своим могли бы потребовать у него и наличного и отчета за прежнее управление.

Сгадал, решил и выбрал в зятья какого-то князька – сидня, весьма ограниченного умом, ничтожного роднёю. Он дал слово, не спросясь, даже не предуведомив дочери. Через три дня надо было играть сговор, а она не знала о своей участи ни сном, ни духом. Наконец он объявил ей повеление выйти замуж и готовиться к свадьбе самым беспрекословным образом. Он споткнулся на этом вовсе неожиданно: характер дочери открылся вдруг в полной силе! Подкрепленная взаимною любовью, она дерзнула почтительно, но твердо сказать отцу, что считает союз супружеский святынею, которая требует любви сердечной к мужу… а потому она не иначе отдаст руку свою, как вместе с сердцем; сердце же ее отдано Баянову, ее воспитателю; она прибавила, что никакие убеждения не принудят ее переменить данного обета – быть его женою или вечно остаться его невестою. «Вы дали мне жизнь, батюшка, – сказала она, – но бог дал мне душу; располагайте первою, но позвольте мне сохранить для себя вторую; и кому лучше могу я посвятить ее, как не человеку, посвятившему лучшие годы своей жизни на мое образование с таким усердием, с таким горячим самоотвержением?»

Говорят, князь после этого объяснения несколько минут стоял неподвижен и безмолвен от изумления… гнев задушил в нем голос. Можно представить себе, что почувствовал человек, привычный к безусловному повиновению от всех, к нему близких, который сроду не слыхал слова нет и вдруг поражен был им так внезапно, так больно! Вся его гордость, все его выгоды и понятия, все замыслы его оборочены были вверх дном, – и кем же? Девочкою, дочерью!

Взрыв был ужасен, угрозы и брань полились на несчастную: как смела она иметь свой ум, взять свою волю! Суд короток – он запер ее в темную комнату на хлеб и на воду.

Учителя Баянова велел он выбросить из замка вместе с его вещами, не позволив показаться на глаза. Бешенство его выместилось на всех домашних; и без того все трепетали его голоса, его взгляда, и после этого случая Головина слуг разбежалась от его жестокости, не знающей границ, незнакомой с пощадою. Он свирепствовал как зверь.

Время шло; но оно не переменило ни упорства отца, пи постоянства дочери. С своей стороны, влюбленный Баянов, несмотря ни на какие угрозы, презирая опасности, обманывая надзор, старался проникнуть до темницы своей любезной – и долго, долго напрасно. Мало-помалу, однако ж, ему удалось деньгами склонить на свою сторону одного из тюремщиков. Золотой дождь по капле пробивает даже камень. Ему доставили случай видеться с Лизой, и минуты, которые провели они вместе после долгой разлуки, несмотря на меч, висящий над головою, были самыми счастливыми в их жизни, потому что верность в такую мучительную годину испытания получает высшую цену, и каждый миг, вырванный из львиных челюстей опасности, тем сладостнее, чем короче, тем ближе к восторгу, чем ближе к гибели. Скоро почувствовала заключенница, что существо ее удвоилось. Какое святое чувство вложила в нас природа к обновлению! Какое сердце не трепетало радостью при мысли: «и я стану матерью!», при вести: «ты отец!» В такие минуты забыты все страхи, все расчеты!!

Наши любовники были счастливы назло судьбе, и это самое придало им смелости, самой надежды. Тут уже дело шло не о них самих, но об имени, о счастии третьего, драгоценного для них залога. Они приготовились к побегу. Они согласились исполнить свое намерение, когда отец уедет на три дня в отъезжее поле.

Он уехал.

Переодетый в кучерское платье, проник Баянов в тюрьму Лизы ночью. Дневальный тюремщик был подговорен бежать вместе; лихая тройка ждала их за частоколом сада; оставалось только удачно выбраться из дому. Баянов застал свою невесту на коленях перед образом. Кончив молитву, она кинулась в объятия к милому, но долго не могла промолвить слова, заливаясь слезами. Я знаю это от старика, бывшего свидетелем. Он рассказывал, что смелость ее покинула, когда надобно было ступить за порог; что она умоляла Христом-богом отложить все до завтра; говорила, сердце у нее будто стиснуто железною рукою, что она предчувствует верную, неминучую гибель. Баянов, разумеется, утешал, ободрял, уговаривал ее; доказывал, что предчувствия не что иное, как робость, что, откладывая удобный побег, они накличут себе не только в каждом человеке, да в каждом часу неприятеля, а что всего важнее – священник ждет их в церкви.

46

Она уступила.

Через сад в повозки, и ударили по всем по трем.

Дело было в начале ноября. Рыхлая пороша чуть подернула павший лист дубравы. Я и забыл тебе сказать, что все это происходило в К… губернии, в усадьбе князя, называемой Шуран[20][20]; лежит она над Камою, при большой дороге в Оренбург; место преживописное; барский дом на холме; дедовский темный сад шумит угрюмо на берегу; вправо… да не о том дело. Глухая ночь лежала над Шураном, когда наши беглецы оставили его. Проселочная дорога к далекой, уединенной церкви пролегала дремучим лесом и местами совсем склонялась на крутой берег Камы. По Каме шел тогда лед и с печальным звуком ломался друг о друга. Две тройки мчались быстро, но едва слышно: колеса нарочно были обвиты кушаками. Припав к груди Баянова, для которого пожертвовала всем на свете, Лиза едва дышала, едва думала. Час этот был для нее как час перед казнью преступника – он еще не мертвый, но уж и не живой; может ли он наслаждаться жизнию, когда смерть впустила в него когти свои? Такая отсрочка хуже пытки, такая бесчеловечная милость жесточе казни самой. Но едва ль не еще несноснее, когда неожиданное счастие разманит нас – и вдруг готово исчезнуть! Пусть непредвиденная беда поражает как пуля, беда, перед которою идет предчувствие, терзает, как яд жестокий. В таком точно положении были оба наши любовники. Они молчали, потому что ни один не мог найти слова утешительного; земля звучала под колесами, будто свод могильный; ветки сыпали на лицо иней, и корни заплетали им дорогу.

Все кругом было в смертной тишине; только порой спугнутый филин страшно гукал в чаще, хлопая тяжелыми крыльями, или трещал изломанный сук. Они благополучно добрались до деревенской церкви, верст за пятнадцать от Шурана. В ней приветно теплился огонек… Дверь растворилась, и женихи вошли в тусклую трапезу. Иконостас подымался до самого потолка, подпертый витыми столбиками, когда-то позолоченными; старинные лики святых, едва озаренные лампадою перед царскими дверьми, казалось, хмурились, помавали головами; хоругви колебались от сквозного ветра, который, дуя в рамы, возникал и стихал печальною песнию. Почтенный старичок священник встретил жениха и невесту у дверей благословением, и дьячок, засветя еще несколько свеч в

---

20 Шуран – поместье на Каме, принадлежавшее помещику П. А. Нармацкому, отличавшемуся, по народному преданию, использованному А. Марлинским, жестоким и буйным характером. Как сообщает П. Н. Суворов в «Записках о прошлом» (М.. 1899, ч. I), в подземельях этого замка погибло много жертв его владельца.

высоких подсвечниках на деревянной ножке, запел хриплым голосом. Началась служба. Прелестна, однако ж бледна как снег намогильный, стояла перед налоем невеста... Венчальная свеча дрожала в руке ее, и когда Баянов ободрял ее нежным взглядом, она отвечала: «Это от холода»; этот холод был у ней в сердце... Она робко озиралась кругом и сторонилась теней, перебегающих по церкви от зыбкого пламени свеч, как будто они хватали ее. Вопреки всех страхов, обряд кончился счастливо. Кольца скрепили священною цепью сердца, давно уже сплавленные любовью, и поцелуй запечатлел союз их. Когда перед алтарем бога милосердия и правды супруги с радостными слезами на глазах заключили друг друга в объятия, они забыли настоящее и будущее, – никакое горестное чувство не развлекало этого восторженного мгновения.

Оно было последним в их счастии.

Конский топот и грозные клики налетали со всех сторон; священник с коленопреклонением молился о спасении, Баянов готовился к защите – все было напрасно: выбитые двери церкви упали, и толпа охотников княжих вслед за разъяренным своим господином ворвалась в средину. На беду, он охотился невдалеке и, получив известие о побеге дочери, стремглав ударился в погоню. Что медлить правдою? Супругов силою разлучили, связали, кинули в телеги порознь и понеслись назад в роковой Шуран.

С этой поры туча злодейства одела этот дом тайною. Никто не знал, что делается с молодыми. Никто не мог догадаться, куда девались они. Двое псарей, которые везли Баянова, уверяли, что он вырвался на полдороге и ушел в лес, за это они жестоко были наказаны. Священника угрозами и лестью заставили молчать о браке; притом же он совершен был не по всем правилам – недоставало свидетелей, и священник притаился, чтобы не быть в ответе; общая молва была распущена между дворнею, что отец захватил венчанье в самом начале. Как бы то ни было, ни один человек не осмеливался спросить об этом обстоятельстве угрюмого князя. И Лиза и Баянов канули как в воду... Соседи шептались между собою, как раки под крапивою, и, как раки, пятились перед страшным соседом. Его ядовитый взгляд убивал любопытство и участие.

С большим удивлением увидела дворня ровно через год, что к ним на двор катит весь уголовный суд из Казани. Все слуги дрожали осиновым листом, чтоб не попасться в свидетели по проказам барина: затаскают, заморят по тюрьмам, ни дай, ни вынеси. В один миг слух о доносе разбежался по всему селению. Члены суда немедленно потребовали видеть дочь княжую, про которую отец отвечал, что держит ее взаперти по сумасшествию. Он повел их в тюрьму Лизы. Дверь замкнулась, и мертвая тишина воцарилась в целом доме... Все, не переводя дыхания и навострив уши, ждали, чем это кончится. Иные шепотом уверяли, что князя возьмут под стражу и что для этого приехала крытая повозка. Желание избавиться от злого барина и страх у него остаться волновали всех. Наконец двери распахнулись настежь, и тогда некоторые из слуг, заглянув украдкою в тюрьму барышни, увидали ее брошенную на соломе: в рубище; на ней не было вида человеческого – так она похудела и почернела. Глаза впали, волосы были всклочены, она лежала, разметав руки, в обмороке.

«Теперь мы удостоверены, что она бешеного сумасшествия», – сказал председатель палаты.

«Никакого нет сомнения, – преважно прибавил городской лекарь, – она безумна – неизлечимо».

«Держите ее крепче, – подхватил весь суд хором, – вы ей природный опекун; на днях пришлем формальную бумагу на ввод во владение!»

Роскошный завтрак скрепил определение этих неумытных судей, и юстиция отправилась в город навеселе. Вся дворня с ужасом услышала приказ. Так вот зачем приезжал суд, так вот чем кончилась эта уговорная гроза!! Когда за судьями тронулся обоз с подарками, слуги, пожимая плечами, тихонько говорили: «Скоро по этой дороге повезут на погост и добрую княжну нашу!»

Предсказание сбылось скоро – через полгода Лиза скончалась.

Люди пожимали плечами, окружные дворяне много толковали об этом случае. Все соглашались, что князь нарочно ославил дочь свою безумною, чтоб завладеть ее имением, что бесчеловечным обхождением с нею он в самом деле довел ее до исступления и, наконец, безвременно свел в могилу. Судьба Баянова не ускользнула от проницательных взоров. Ходили слухи, что он был привезен в Шуран и брошен в один из подвалов, где и был уморен с голоду мстительным князем. Приводили в доказательство рассказы некоторых слуг... Они клялись, что слышали стоны в подполье и узнавали в них голос учителя, что потом он начал стихать, стихать и, наконец, замер в таком страшном вопле, что от одного рассказа вставали дыбом волосы. Говорили еще, будто видели в следующую ночь, что мелькал огонь в отдушине подвала, где сидел Баянов, слышали, как там брякали лопатки, как что-то закапывали, закладывали камнем. Со всем тем ужас, наведенный князем на соседей, был так глубоко укоренен, сила его в суде и связи в столице так обширны, что ни один человек не посмел пикнуть в обвинение.

Дело запало само собою.

Вскоре после смерти дочери в князе заметили чудесную перемену. Его злое, дерзкое лицо покрылось бледностью; походка стала робка и нерешительна, глаза подернулись дымною оболочкою. Иногда, среди белого дня, он останавливался на быстром ходу и, весь трепеща, отступал; иногда вскакивал с кресел, произнося невнятные слова. Этого мало: по сказкам всей дворни, стали твориться чудеса в доме. Что ни полночь, двери из бывшей тюрьмы княжны распахивались с визгом сами, и оттуда явственно раздавались мерные шаги, только никого видно не было. В ту же минуту подымался тяжелый стон из подвала так протяжно, так страшно и пронзительно, что он слышался во всех углах замка. Напрасно зарывали все головы в подушки и завертывались в одеяла: он все слышался в ушах и звучал, как в пустом склепе могильном. В спальне у князя каждую ночь слышали чью-то походку, адский смех и потом скрежет зубов, проклятия и будто хрипение смерти. Никто не смел, однако ж, и намекнуть о том, не только спросить князя, – он хранил мертвое молчание. И вдруг в одну ночь он с воплем выбежал из спальни своей, бледный, испуганный; в одной сорочке, он сам походил тогда на мертвеца.

– Запрягайте коней! Подавайте возок! – кричал он. – Чтобы сейчас, сей же миг стар и мал бежал из этого проклятого дома, вон отсюда и навсегда… Слышите ли, говорю я вам, выбирайтесь вон мигом!

Как ни удивлены были слуги и все домашние таким нежданным приказом, только шутить с князем было плохое дело: через час не осталось в целом доме ни человека, ни кошки. Все это кинулось, потащилось и поползло в зимнюю ночь, кто на чем попало, в другую усадьбу верст за тридцать. С тех пор дом этот стоит заколочен. Суеверие сторожит его лучше всяких караульных и собак. На закате солнца, не то чтобы в глухую ночь, ни один крестьянин не смеет мимо его вблизи проехать. Через полтора года князя нашли мертвым в постеле. Простолюдины толковали, что его заели нечистые, которым продал он душу, уверяли, что видели на шее следы зубов. Люди умные говорили, что правосудие божие кликнуло его на расправу. Его похороны были праздником не для одних плакальщиц.

Усадьба Шуран, вместе с деревнею, досталась на долю моей матери. Несмотря на все выгоды и устройство хозяйственное, она не хотела туда переселиться. Только раза два в лето приезжала она с нами к управителю, жившему в одном из отдаленных флигелей, для надзора и поверки счетов на месте. Само собою разумеется, что дворня наша, и мамки, и нянюшки мои не упустили случая насказать мне с три короба страхов и преданий об этом таинственном доме. С каким, бывало, трепетом, с каким удовольствием осмеливались мы с братом приближаться по заросшему крапивою двору вечерком к заколдованным палатам! Главные двери были забиты досками; окна зацвели мертвою синевою; в разбитые стекла порхали птицы, и кровля во многих местах упала собственною тяжестию.

Осторожно переступая, будто боясь попасть в силок или в очарованный круг, подходили мы к крыльцу; на нем, по спаям камней, росла уже трава. Брат мой был и постарее и посмелее меня и порой достигал до самой двери; но когда обращался назад, то кидался вниз по ступеням опрометью. Он признавался, что замок страшно глядел на него одним глазом своим, что в дверную скважину кто-то дышал на него морозом и петли скрежетали, как зубы. Издали бросали мы иногда камень на кровлю и с биением сердца слушали, как он, стуча и прыгая, катился по ней книзу, и когда, упав на землю, скакал еще далее, мы бросались от него, воображая, что он за нами гонится. И в самом деле, эта могильная тишь на дворе, опустелый дом, опальные ряды служб, обрушенные заборы – все внушало грусть даже детскому сердцу, и ветер, стонущий в разбитых окнах, шумящий между репейником, слышался нам говором духов, вестью с того света, он будто наносил на нас сырость и прохладу гробов.

Как-то однажды мы были смелее обыкновенного и, разбив камнем стекло в окне нижнего этажа, решились посмотреть внутрь комнат. Брат поднял меня на плечи, чтобы я мог достать до рамы. Не без ужаса просунул я свою голову в разбитое стекло; я боялся бы не более положить ее в пасть медведя. Опершись о пыльный косяк, взглянул я внутрь, и сначала все мне показалось темно, как ночью. Через несколько времени я пригляделся… а между тем брат ежеминутно расспрашивал меня, что я вижу. То была обеденная зала. Длинные столы стояли по стенам с полуоборванными полами; многие стулья лежали на полу, словно опрокинувшись от страха; другие, будто от слабости, стояли, прислонясь к стене. На полу лежали обломки посуды, видно разбитой впопыхах перевоза. Полинявшие, пыльные обои, в иных местах уже опавшие, колебались от ветра; из-под них выглядывала дождевою плесенью покрытая стена; инде штукатурка обвалилась и сквозили лучинные решетки, – вы бы сказали: это тлеющий труп богача, с которого падает одежда и кожа, и местами уже обнажаются ребра, на которых паутина висела как волокна и жилы. Карнизы улеплены были гнездами ласточек; летучие мыши цеплялись по углам; живопись потолка сплылась в какие-то чудовищные арабески. Трудно себе вообразить, какое странное впечатление произвел на меня вид этой опальной комнаты; я будто сейчас гляжу на нее! Все, все в ней казалось мне чудным, сверхъестественным, страшным. Этот мрак, в ней царствующий, эта полурастворенная в коридор дверь, за которою так таинственно сгущались тени, даже обшитая сукном веревка, на которой когда-то висела люстра, с огромным крючком своим казались мне орудием пытки. Мне казалось, на сером свете сумерек, сквозь мутные стекла, что все звери и птицы обоев шевелятся, трепещутся, что белая изразцовая печка притаилась в углу, как мертвец в саване, и вдруг в самом деле что-то живое, с блестящими глазами, с грохотом прокатилось по зале и прямо кинулось на меня, – я заревел, опрокинул брата, смял его, покатился с ним вместе через голову, и потом вскочили мы оба, и оба, крича изо всей мочи, ударились бежать врознь, забыв оборонительный и наступательный союз: не выдавать друг друга ни в каком случае. Чудовище, испугавшее нас, была кошка. Мы, однако ж, народ храбрый и, уверясь в том, не смели подойти к ней: кошка искони слывет сосудом оборотней, ведьм и тому подобной адской челяди второго разряда.

Улетели годы.

Давно уж покинул я родину. Учился в Москве, вступил в службу. Радостно спешил я домой показать матушке свои патенты, свои эполеты, при первом отпуске. Весь мой младенческий и отроческий быт ожил в душе, когда я увидел поприще, на котором он двигался. Правда, кукольный мир этот, не только просторный, но и огромный для ребенка, для меня, юноши, казался уж тесен, мал непонятно. Но он был моим, был связан не скажу с прекрасным, но с беззаботным возрастом, когда мы чувствуем, не ощущая сердца, думаем, не утомляя души, – с этим единственным возрастом настоящего без сожаления о вчера, без ожидания завтра, без воспоминаний, едва ли не всегда разведенных желчью раскаяния, без надежд, отравляемых ядом страха. Я сказал тебе о моей наклонности к чудесному. Признаюсь, что возраст не уничтожил ее; он только высучил ее в утонченную нить, а романы раскрасили ее своими цветами. Переменился вид, существо осталось то же. Вот почему таинственный Шуран манил меня к себе своими чудными преданиями, манил неодолимо. На третий же день я велел оседлать коня и поскакал туда. Это было в октябре месяце. Когда я приехал в Шуран, ночь, как прелестная арабка, в звездном покрывале гляделась уже в померкшем зеркале Камы. Я слез у крыльца уединенного домика, в котором жил управитель, только не нашел его у себя: он уехал в дальнюю деревню. Мне вовсе не весело было коротать вечер с старухою, его женою, и, поужинав налегке, я велел подать себе топор, зажег три восковые свечи вместо факела и, не сказав никому ни слова, отправился прямо к покинутому дому. Репейник заплетал мне дорогу; испуганные лягушки, которые уже столько лет невозбранно владели мокрым двором, квакая, прыгали из-под ног моих. Я подошел к обрушенному крыльцу, которого ступени были термометром детского нашего честолюбия, я увидел окно, в которое глядел, когда был испуган кошкою, – и все фантастические существа замахали около меня знакомыми крыльями, и прежнее чувство сладкого страха втеснилось в грудь, я опять стоял школьником перед старинным замком. Это было на минуту. Я оторвал топором доски дверей и вошел в обширную переднюю. Отворенные кругом стен ящики для сиденья слуг и опрокинутые вешалки доказывали еще торопливость, с которою выбирались жильцы из дома. Паук развесил свои победные знамена по стенам, медные задвижки дверей зацвели зеленью, сами двери едва держались на перержавленных петлях, и когда я тронул одни, они упали с треском на пол. Гул пошел по пустым комнатам, густое облако пыли взвилось, и я сквозь него вступил в залу. Летучие мыши, эти бабочки развалин, треща перепончатыми крыльями, слетелись на огонь и кругами реяли мимо глаз. Разрушение много выиграло с тех пор, как я в первый раз видел эту залу. Карнизы обвалились, и часть их лежала на столах, словно объедки от пиршества зубастого времени. Обои висели длинными лоскутьями. Занавесы окон под густым слоем пыли источены были молью. Дождевые потоки навели еще мрачнейшую краску на стены, и на них несколько портретов проглядывали сквозь копоть, будто сквозь туман забвения. Полон воспоминаний младенчества, полон думою о несчастной судьбе моей родственницы, которая жила, любила, умерла здесь, пробегал я ряд комнат, покинутых людьми, которые одни могут бороться со временем и оставили ему победу без боя. В каждом трепетании обоев мне слышался стон умирающей жертвы, одинокой посреди холодных стен и еще холоднейших стражей, в разлуке с милым супругом. И ни одно дружеское приветствие, никакое родственное утешение не радовали последней тоски ее!! Напротив, она видела подле себя Коршуновы очи, которые с жадною радостию ждали ее кончины, она знала, что мучения ее останутся никому не известны; что, испытав по сю сторону гроба злость, по ту сторону предана будет клевете; что она, измученная, очерненная, погребенная заживо, сойдет в землю не оплакана, не оправдана никем и ни перед кем, – ужасно! «Лиза! – вскричал я, – несчастная Лиза! Я защитник твоей чести!» Мой голос пробудил эхо пустых комнат, и стекла, дребезжа, дали унылый аккорд! В это время послышалось мне, будто кто-то ходит в соседней комнате… Шаги эти были тихи, легки, можно сказать воздушны; меня облило холодом, волосы стали дыбом… Прислушиваюсь – ни звука. Мало-помалу я ободрился и поднял вверх светоч свой, чтобы осмотреться, – я стоял в длинном коридоре, в конце которого виделась белая резная дверь, убитая, как видно после, железными полосами. Сверху привинчены были тяжелые задвижки, но они не были задвинуты. Мне вспало на ум: не здесь ли вытерпела дочь строптивого князя ужасную пытку? Любопытство разгорелось. Я приблизился к этим дверям, тихо взялся за скобу и дернул ее к себе… Дверь растворилась.

Друг мой! ты знаешь, робок ли я под свистом картечей, ты знаешь, бледнел ли я перед пикой, устремленной мне в сердце, по ты не знаешь, как упало это сердце, когда взглянул я в тюрьму Лизы… Казалось, ледяная гора задавила меня, казалось, сам я в одно мгновение превращен был в кусок льда... Нет, это был не сон, не мечта, не обман очей, не игра приготовленного воображения, – я тысячу раз видел портрет Лизы, висевший в спальне у моей матери, он был врезан в моей памяти, – и вдруг наяву, без всяких сомнений наяву; передо мною!..

Я слушал Зарницкого с большим вниманием; когда он был разгорячен или одушевлен, то рассказывал увлекательно. Не слова, не речи, а голос этих речей, а чувство, волнующее этот голос, переливали участие в грудь каждого. В ту минуту, когда он произнес: «передо мною»... послышались тяжелые шаги по лестнице. Мы оба так настроены были к чему-то сверхъестественному, что вскочили невольно и обратили глаза на дверь с каким-то робким ожиданием. Когда глаза наши встретились, мы оба усмехнулись, будто признаваясь: какие мы дети! Та улыбка, однако ж, была мгновенная. Мочная рука, которая не удостоивала, казалось, отвернуть ручку дверную, сорвала весь замок, и к нам вошел высокого роста латник, завернутый в широкую, теплую шинель. Палаш его, волочась, бренчал, каска была изрублена, и часть гребня висела над глазами. Он не поклонился нам, не молвил слова и прямо сел к огню – мы узнали в нем кирасирского майора, которому одолжены были победою. По закону военной учтивости и долгу службы, я, как старшему, отрапортовал ему о состоянии отряда и, наконец, от чистого сердца протянул ему руку с дружеским благодарением, с солдатским приветствием, говоря, что нам лестно будет иметь товарищем человека, которому обязаны блистательным успехом. Но латник встал, и приложил руку к козырьку машинально, и снова сел, будто ничего не видя и не слыша. Бледно было его лицо; глаза мутны, неподвижны. По трепетанию черных длинных его усов видно было порой судорожное движение губ... Брови сдвинуты угрюмо.

Пробитая картечью и пулями его шинель залита была кровью, и каждый раз, когда он наклонялся, поправляя огонь, палаш его падал на дол, звуча, и цепки, связывающие кирас, брякали о железный нагрудник. Мы говорили между собой шепотом, изумленные странным появлением и еще больше странным обхождением латника. Кто он? что он? зачем он здесь? Мы напрасно заводили с ним речь, напрасно потчевали чаем: он склонением головы или движением руки прерывал все вопросы и предложения. Мы оставили его самому себе.

Опершись об руку, упертую в колено, он, казалось, глубже и глубже тонул в море минувшего, – он вздыхал тяжко, так тяжко, что у нас вчуже вздувалось сердце. Иногда слезы катились по его лицу. Он с какою-то завистью смотрел на пылкие уголья, которые меркли, угасали, распадались в пепел, будто он в них видел свое подобие. Потом вдруг, сложив руки на стальной груди своей, он опрокидывался назад и шептал невнятные слова… грозно скрежетал зубами, глаза его наливались кровью, ноздри вздувались, как у льва, – он был страшен.

Мы вздремали; казалось, вздремал и он; только по временам вздрагивал и стонал. Вдруг пробуждены мы были стуком его палаша, – он с ужасом смотрел на руку свою: на нее упало несколько капель растаявшей на шинели крови… Глаза его стояли, густые кудри бросали тень на белое как саван лицо, губы были открыты, – весь он был идеал ужасно-прекрасного!

– Зачем ты пробудила меня, кровь злодейская! – роптал он, – неужели мне один сон – могила, неужели ни прежде, ни после мести нет покоя!!

Он вскочил, схватил горящее полено вместо факела и под влиянием сомнамбулизма сделал несколько шагов вкруг комнаты.

– Здесь, так, здесь видел я ее впервые! – произнес он тронутым голосом и с горькою улыбкою, но в этой улыбке отражались все муки души. – Она сидела у этого окна; мрачны стали эти стены; они подернулись как гробовым сукном… а было время, они склонялись надо мной, как брачный полог, как цветная занавеса будущего. Здесь дал я, здесь услышал я первую клятву в верности… Клятву? Они пишутся на воде и утекают с нею!! Но мою клятву я бы готов был запечатать своею кровью, и только кровь могла смыть ее… Она смыта! – прибавил он злобно и потом тихо, озираясь, пошел далее – в другую, в третью комнату. Наконец мы вышли в залу, в которой была самая горячая схватка; стены были исстреляны русскими пулями, окна разломаны, несколько десятков обезображенных трупов валялись друг на друге, по полу, залитому кровью, – картина была отвратительна, не только ужасна. Латник наш, достойный гость между мертвецами, с пылающим деревом в руке, в каске и в латах своих походил на привидение какого-нибудь рыцаря веков минувших, – исполинская тень его мелькала по стенам и кралась следом.

Мы стояли в тени, неподалеку.

Стены были увешаны портретами фамильными, – это общий обычай в Польше. Латник прямо кинулся к одному из них как знакомый и рассматривал его с диким наслаждением. Это было в самом деле прелестное лицо какой-то девушки. Озаренная неверным светом, она мелькала сквозь мрак, будто неслась ангелом мира.

– И ты, сердце моего сердца! ты, которая одушевляла для меня жизнь и свет, и тебя не стало! – произнес латник, глубоко тронутый. – Земля взяла свое – черви насладились твоими прелестями… Черви? Нет, змея отравила тебя заживо, Фелиция. Свидетель бог, ты одна могла удержать руку, готовую раздавить эту гадину, я отсрочил месть, но отказаться от нее не мог я, как от любви своей, – месть мне осталась единственною любовью после тебя, единственною отрадою; только жажда ее могла приковать меня к колесу пытки!! Не смотри так грозно на меня, Фелиция, – я дал себе страшную клятву уничтожить изверга, а ты ведаешь, изменял ли я клятвам в добром и злом... Она свершилась!! И ты сдержала обет свой, милая тень, ты обещала мне явиться в ночь передсмертную, вестница радости... Ты явилась мне, не убегай, не улетай от меня, скажи мне, буду ли я твоим супругом в царстве смерти? Любят ли там? Я не хочу рая, когда в нем не найду тебя!!

Он кинулся навстречу милому призраку в порыве горячки своей – и запнулся за убитого француза... Внезапный ужас поразил его. Он наклонился, поднес головню к посинелому лицу мертвеца – и черты его вспыхнули гневом...

– Ты и здесь заграждаешь мне дорогу на небо... Прочь, змея! Прочь, говорю я! – вскричал он. – Как ожил ты из-под моих ударов? Зачем пришел ты умереть сюда? Неужели и ад не принимает злодея?.. В этот раз по крайней мере ты не уйдешь от меня... в этот раз ты не избегнешь заслуженного ада, который вызвал на свет!

Пена била у пего клубом, лицо горело кровью, – он выхватил палаш свой, наступил мертвецу на грудь, так, что у него затрещали кости, и, подняв обеими руками клинок, вонзил его в давно оледенелое сердце и дважды поворотил в рапе...

– Он еще живет, еще дышит! – повторял он, прислушиваясь, – еще остальная кровь, как червь, ползет в жилах его!..

Он снова взмахнул палашом, но исступление истощило все его силы – он рухнул на пол бесчувствен, бездыханен.

Кликнув гусаров, мы перенесли его в прежнюю комнату, сняли с него латы и положили на плащах. Приводя его разными средствами в чувство, мы успели возвратить ему дыхание, но не память. Только по временам пробегал по всем членам его трепет, только холодный пот проступал на теле и закрытые веки дрожали судорожно. Он тихо стенал, произнося невнятные слова, – мы оставили его успокоиться. Встреча с латником совершенно отбила у нас сон. Мы потихоньку рассуждали, до какой степени несчастная любовь делает неистовым человека, одаренного, или, лучше сказать, наказанного, пылкими страстями. Очевидно было, что он жених Фелиции и враг грабе Остроленского, что он преследовал и изрубил его.

– Однако ты, брат, не докончил своего рассказа, – напомнил я поручику.

– Он будет краток, – отвечал поручик со вздохом. – Слушай. Мы были прерваны на том месте, когда я отворил двери старинной темницы Лизы. Гляжу – в комнате этой горит свеча, под окном, забитым решеткою, стол; в углу простая кровать и на ней – вообрази мое удивление! – женщина в белом платье – и кто же? Лиза! Я говорил тебе, что кровь замерзла в моих жилах, но это не выражает ужаса, который я тогда ощутил. Казалось, тысяча ледяных иголок пронзили меня с головы до ног, холодный пот застыл на сердце, и если я тогда не упал, то обязан этим одному оцепенению… Это был задаток разрушения в час смертный.

Но все, что имеет начало, должно иметь конец. Рассудок проговорил, сердце оттаяло, и я с недоумением и страхом протирал глаза, чтоб увериться, не греза ли это; нет! белое привидение недвижимо лежало передо мной, будто в глубокой тоске, в непробудимой задумчивости. Прелестное, но бледное лицо было полузакрыто светло-русыми локонами. Я долго смотрел на это явление, колеблем между истиной и заблуждением, ступил шаг – незнакомка подняла глаза, и тут уж я убедился, что столько жизни не могло сосредоточиться в мертвеце… Я прервал безмолвие, я сказал ей, кто и почему я здесь… Теперь угадай, кто была она и как туда попала?

– Не могу придумать, – отвечал я.

– И я не вдруг узнал это. Милая девушка умоляла меня никому не открывать о встрече с нею. Напрасная просьба! Я сам бы готов был схоронить от целого света такое сокровище. Нужно ли сказывать, что через полчаса, проведенного с нею, я уж был влюблен по уши? Чудесность, таинственность всего ее быта бросили искру в сердце, а ее невинность, ее светлый ум раздули пожар. Я выпросил у нее позволение увидеть ее еще раз и еще раз, но в замену дал слово делать это с большими предосторожностями. Через три дня я уже опять спрыгнул у крыльца управителя Шурана.

«Дома ли?»

«Дома-с, очень рад».

Управитель встретил меня двусмысленною улыбкою.

«Не прикажете ли подать топор и свеч, Григорий Иванович?» – сказал он мне.

«Зачем это?» – возразил я, смутившись.

«Для ночного путешествия в опальный дом, – отвечал он. – Григорий Иванович, я все знаю. Вас ждут, и ждут с нетерпением; только позвольте, чтоб в этот раз я был проводником вашим».

Он пошел вперед, не ожидая ответа, а я так смущен был нежданным этим приветствием, что шел сзади его, как на своре.

Когда приблизились мы к роковой двери, сердце у меня вспрыгалось, будто заяц под ружьем стрелка… Незнакомка встретила нас еще прелестнее, чем прежде… Я таял, на нее глядя, самолюбие мое лакомилось пылким румянцем красавицы.

«Григорий Иванович! – сказал управитель, – прошу любить и жаловать тетку вашу... Вы видите дочь Елисаветы Андреевны, Елисавету Павловну Баянову!» Я отступил от изумления три шага назад... Мысли и чувства так были превращены этим нежданным, непонятным объяснением, что я стоял долго, растворив рот, как будто бы я глотал чужие слова, вместо того чтоб произносить их самому.

Управитель продолжал: «Брак г-на Баянова с родственницей вашей княжной X-ой совершен был неразрывно. Его утаили, но уничтожить не могли. Девица, которую изволите видеть перед собою, родилась во время заключения Елисаветы Андреевны и названа была ее именем. Покойник князь имел свои причины скрыть новорожденную и поручил мне отдать ее на воспитание в какую-нибудь дальнюю деревню. Мне стало жаль малютки, я свез ее к брату своему, бедному помещику в Вятской губернии: он был бездетен и принял покинутую как небесный гостинец. Выкормил, воспитал ее, как видите. Никто не знал о том ни крошки: все дело шло самым тайным образом. Кого вязали свои дела, кого княжие деньги или угрозы. Умер и князь, да остались его наследники; заводить с ними тяжбу пугало и меня, несмотря на упреки совести: я и сам был в этом деле виноватый, хоть невольно. Месяц перед сим потерял я брата, а Елисавета Павловна – своего воспитателя... Неделю назад приехала она сюда. Я крепко плакал по добром брате своем и не утешился бы, если б не было со мной этого ангела. Между тем (между нами будь сказано) любезная Елисавета Павловна начиталась всякой всячины: то и дело просится посмотреть того места, где жила и скончалась ее матушка. Как отказать!! На беду эта комната ей до того полюбилась, что не вызовешь. Днем ходить сюда – пошли бы разные толки, а нам надо было молчать о ее роде до поры до времени. Вот она и стала плакать здесь по матери ночью. Не осердитесь, любезнейший Григорий Иванович, что, заступаясь за правду и за правую душу, я выхлопотал все законные свидетельства для иска наследства Елисаветы Павловны; может, придет и вам поплатиться, – да ей главное – дорога материнская слава и свое доброе имя, которых иначе нельзя выправить, как перед зерцалом. Что перед вами таиться? Елисавета Павловна нашла себе по сердцу суженого, и это всего больше заставило меня поспешить развязкою. Ваше неожиданное посещение крепко встревожило мою гостью. Я с своей стороны счел за лучшее сказать вам все откровенно. Я знаю вашу благородную душу!»

«И не ошиблись в ней! – вскричал я, обнимая почтенного, простодушного старика. – И не ошиблись!..»

По праву родства я обнял милую свою родственницу, – но чего бы я не дал, чтобы обнять ее, не слышав вестей, что она родня моя, что она невеста другого!!

Мои мечты, мои надежды рассыпались, но любовь осталась в сердце. Я избегал всех случаев видеть ее, но ее образ был всегда перед глазами… Тому уже прошло пять лет, друг мой, но я не могу вспомнить о моей Лизе без вздоха, – она была для меня настоящим призраком счастия!

Я сделал все, что мог, для ее счастия – уговорил матушку уступить ей свою часть имения, от князя Х – го доставшегося, хлопотал по судам, чтобы признали ее истинною дочерью Баянова, и успел в этом. Денежный иск другое дело: он до сих пор тянется с сыновьями, князьями Х – ми. Впрочем, Лиза вышла замуж за того, кого любила, который любил ее, который ее любит… Она пишет, что живет безбедно и счастливо!.. А я?..

Поручик закрыл лицо, но не слезы свои руками… Грудь его стояла надувшись, но он не вздыхал… он не мог вздохнуть!..

Сердце мое сжалось… горячие капли пробились сквозь ресницы. Мы оба молча склонили свои головы в плащи.

Так заснул я.

С вечера я отдал приказ быть готовыми к выступлению к четырем часам утра. Рокот трубы пробудил нас.

Трудно, несмотря ни на какую привычку, спросонков слышать без содрогания звуки трубные: они имеют в себе что-то ужасающее, что-то зловещее, что-то пронзающее сердце. Кажется, призыв их выговаривает слова: на брань, на брань, на суд, на суд! Первым нашим движением было кинуться к больному кирасиру, – он спал еще крепким сном; лицо его было посвежее, хоть все еще бледно. Наконец перекаты трубы проникли и до его души, – он встрепенулся, поднялся на руку и с каким-то недоумением озирался кругом, припоминая, что было, где и как он теперь. Неужто он еще жив? – было первым его вопросом.

– Успокойтесь, майор, – сказал я, – если вы спрашиваете про кого-нибудь из неприятелей, то они все легли на месте.

Он долго смотрел на меня, будто взвешивая слова мои, будто вглядываясь не только в мое лицо, но и в душу.

Наконец он дружески протянул ко мне руку и крепко сжал ее.

– Я помню вас, я знаю вас, – сказал он, – коротко было мое знакомство с вами, дружество будет еще короче; зато одно и другое полно. Теперь я будто сквозь сон вспоминаю, что со мной случилось вчера. Господа! я чувствую, что странность моих поступков должна была изумить вас… Я бы желал, в свою очередь, в извинение себе молвить словцо-другое о том, что привело меня к этому безумию, да боюсь, чтоб не задержать похода.

Я отвечал, что мои разъезды не возвратились еще из окрестностей, и потому с час места будет досугу поговорить и послушать за стаканом чаю.

– Если так, господа, – возразил майор, – я вкоротке расскажу вам свою печальную повесть. Не многие часы даны мне на белом свете, я считаю поэтому долгом открыть добрым товарищам сердце; может быть, вы повстречаете родных моих и передадите им мою последнюю исповедь. Как ни тяжко вызывать мне прошлое из могилы сердца, но я вызову его, как тень Саула[21], чтобы услышать от ней неизбежное пророчество гибели. Послушайте.

Здесь, в этом самом замке, стоял я с артиллерийскою ротою, которою командовал. Я любил дочь хозяина, я был любим, я был женихом ее. Перед самой свадьбой больная мать моя захотела непременно видеть меня для благословения. Я поскакал и, застав добрую матушку на смертной постеле, не отходил от нее в течение трех недель. На столике, установленном лекарствами, писал я невесте много и часто, лаская ее, обманывая себя надеждою скорого выздоровления любимой, уважаемой матери, скорого свидания с обожаемою, с нею. Бог судил иначе: матушка моя скончалась.

Бессонница, огорчение, тоска сломили меня: я схватил жестокую нервическую горячку. В бреду, в беспамятстве, наконец в летаргическом расслаблении пробыл я почти два месяца. В беспамятстве, сказал я? Нет, то было лишь отсутствие разума, отсутствие внешних чувств; но память о разлуке, о потере свинцовой горой лежала на сердце. Немая, но тяжкая, неопределенная боль тяготела надо мной, подавляла вместе душу и тело, тлела, не вспыхивая и не уменьшаясь. Я не ощущал хода часов, но чувствовал долготу времени; оно тянулось, длилось бесконечно. Нить этого отчаянного положения прервалась вдруг, я очнулся.

Все радостное и все горестное слетелось в душу с первым лучом света, проникшим в нее, – они кинулись на нее будто хищные птицы, давно голодные!! Первым моим желанием было узнать, есть ли письма от Фелиции. Все молчали; то было молчание смерти для всех надежд моих. Новый продолжительный обморок облил меня своим холодом, он поразил только что распускающуюся почку сил. Слабость моя была чрезвычайна, беспамятство часто, выздоровление медленно. Восемь месяцев протекли с тех пор, как я разлучился с Фелициею, и вот я стал на ноги. Боже мой, боже мой! для чего ты отдал мне жизнь, не отдав счастья! Тогда узнал я то, чего не смел подозревать, чему бы никогда не поверил! Фелиция вышла замуж за одного из дальних своих родственников! С первого раза я считал ее мертвою, ибо жить и не писать ко мне были две мысли, которых не мог я связать вместе… Я уже свыкся с этою мыслию, как люди привыкают к

---

[21] …как тень Саула. – По библейской легенде, Саул, иудейский царь (XI в. до н. э.), пришел к власти с помощью пророка Самуила, но затем стал действовать самовластно и мстительно. Перед битвой с филистимлянами Саулу явилось видение умершего Самуила и предрекло Саулу гибель в этом сражении (Первая книга царств, гл. 28). У Марлинского: сам Саул, напоминание о нем (его тень) – символ рока, погибели.

яду. Она была горестна, но не обидна для меня... Можете судить, каково было мое бешенство, когда я узнал неверность Фелиции! Выброшенный взрывом гнева из круга обыкновенных страстей, я не знал никакой узды, никаких границ. Казалось, адская сила стремила меня, как ядро, на разрушение чужое и собственное. Огонь тек в моих жилах; сера кипела в груди. Я был глух на советы и увещания совести: я решился убить Фелицию! Что вы так страшно глядите на меня, господа? Постигаете ли вы чувство нетерпимости раздела в любви? Можете ли вы вообразить, можете ли понять, оправдать, по крайней мере извинить человека, который скорее убьет своего соперника, чем уступит ему любовницу, скорее пронзит сам ее сердце, чем позволит ему биться на груди другого? Если вы не имели о том мысли, если не слыхали тому примеров, то перед вами стоит тот, кто готов был произвесть это в действо, кто лелеял месть за любовь, как прежде самую любовь, – месть, это страшное наследство страстей необузданных. Воля, которую не умели переломить во мне с младенчества, разбила мое сердце, да я не ищу извинений. Бог, перед которого скоро предстану, рассудит, прав ли я, виноват ли я... Чему было должно свершиться, свершилось. Каждый миг замедления был мне нестерпим; я спал и видел кровь. Я жаждал увидеть изменницу еще однажды и в последний раз; этот раз должен быть последним часом в ее жизни. Я просился и был переведен в кирасирский полк, стоявший невдалеке отсюда. Я сделал это потому, что рота моя во время моей болезни перешла в Россию. Полный кровавых замыслов, я полетел на роковое свидание.

Приближаясь к замку, я с зверскою радостью воображал себе ее изумление, ее смущение передо мною, я предугадывал ее извинения, ее стыд при моих укорах, я наслаждался заранее ее ужасом при блеске лезвия, – решимость моя была непреклонна.

Однако чем ближе сюда, тем мягче и мягче становился гнев мой. Душевная боль опала, кроткие воспоминания прошлого счастия овладели мною против воли. Глухая осень оборвала уже листья с дерев сада, зато каждое из них одето было для меня сладкою поминкою. Я без мысли, без цели перепрыгнул на коне через рогатку садовую и наудачу тихим шагом объезжал все дорожки, знакомые глазу и милые сердцу; все было мрачно, и печально, и пусто, как в груди моей; павший лист хрустел под ногами, и ветер звучал, как в струны, в замерзлые сучья; грустна была песня его, но она лилась как масло на сердце. Осенняя заря разливала свои розовые сумерки будто на прощанье; она хотела разъяснить улыбкою целый день угрюмое небо. И вдруг совсем неожиданно наехал я на сидящую под деревом Фелицию. Не умею, не смею выразить, что тогда сталось, когда я взглянул на нее!! Я ожидал ее найти в полном расцвете прелестей, с гордым самодовольствием в глазах, близ ласкающегося к ней мужа или в толпе поклонников… И где ж и как нашел я ее? Сердце мое облилось кровью: она была худа и одинока! Все, что могут страдания душевные и болезни телесные, написано было на ее бледном лице. Одна прелесть еще сияла на нем – прелесть невинности. Слезы покатились из глаз ее, – они растопили мое сердце. Все подозрения, все сомнения, вся уверенность моя рассыпались при первом ее взгляде, – я упал, рыдая, к ногам ее…

Это свидание не было последним. Я вымолил у Фелиции позволение видать ее в замке по пятницам, дни, в которые граф уезжал обыкновенно в гости. Живучи вблизи, я узнал все адские хитрости, которыми намостил он себе дорогу к супружеству. Перехватывание писем, ложные вести, коварство под личиною участия – все было там на мою беду. Этого мало. Ему нужна была Фелиция для золота; она стала лишняя, когда он получил его. Злодейская холодность, ядовитые упреки, презрение ко всему, что достойно уважения в женщине, в супруге; все огорчения, какие только злоба может выдумать и бесчувственная подлость исполнить, отравили ее жизнь, уничтожили здоровье. Она чахла, она разрушалась в глазах моих, – я видел, я чувствовал это и перенес это; меня подкрепляла надежда, жажда мести. Я поклялся прахом отца и тенью матери, поклялся всеми страшными и священными клятвами для человека отомстить злодею неумолимо. Но я не хотел смешивать с кровью последних минут Фелиции; я молчал о моем намерении. Звезда души моей гасла чиста и невинна!.. Так.

Когда в последний раз видел Фелицию, она предчувствовала свою кончину, и я не мог ее не предвидеть. Не знаю, с чем сравнить жестокую известность, которая близилась… Я был вне себя… В безумии умолял я ее, если не суждено нам еще однажды видеться здесь, чтобы хоть тень ее явилась мне перед тем днем, в который кончатся мои земные бури и страдания.

«Это будет рассветом моего будущего, блаженства… – говорил я. – Дай мне на этой земле вкусить небесную радость!»

«О, если б это было в моей власти, – отвечала она, – я бы слетела, как луч, вестником соединения!»

«Кто любит, тот верит, – возражал я, – и почему бог не исполнит невинного желания людей, рожденных друг для друга и только страдавших друг за друга!»

Она с улыбкою пожала мне руку. «Последняя молитва моя к богу будет об этом, – сказала она, – но последняя просьба моя к тебе – не мсти за меня графу!» Она не могла кончить речи и лишилась чувств, и я должен был оставить ее в таком положении!.. Легче, во сто раз легче было бы мне расставаться с душою, чем тогда с любезною! Она умерла, и я не закрыл ей очи!.. И кто лишил меня этого горестного утешения, кто, если не Остроленский? Последний завет, последняя воля ее была прощение, – но мог ли я простить ему!!

Судьба противостала и злобным и мирным моим желаниям; вскоре после похорон Фелиции она оторвала меня даже от тех мест, где бы я мог выплакать душу, как цветок намогильный. Я был послан ремонтером на всю дивизию внутрь Малороссии и, воротясь через два года в полк, узнал, что грабе Остроленский, обвиненный уголовно за жестокость с крестьянами, бежал во Францию и вступил там в службу Наполеона.

Радостен был я, когда загорелась нынешняя война. Мысль кончить по крайней мере со славою жизнь без счастия утешала меня. Месть врагам, разорителям отечества, меня одушевляла, но и собственная, сердечная месть меня не покидала ни в походах, ни в сражениях. Приближаясь ныне к местам, столь для меня памятным, она заговорила в душе громче, нежели когда-нибудь. Я сыпал золото, рассылая жидов проведать, не здесь ли граф Остроленский. Вчерась один из кровопродавцев воротился с вестью, что граф точно здесь и возмущает околоток к отпору. Я выпросился у генерала примкнуть к вашему отряду и поскакал вслед за вами с одним ординарцем. Остальное вы знаете, кроме заключения!..

Тут латник остановился, глаза его снова засверкали гневом, и кровь пятнами вступила в лицо…

– Я увидел в схватке бегущего графа, – продолжал он, – я следил, я достиг его далеко от замка. Конь его, застреленный мною, пал и придавил собою злодея. Палаш мой сверкнул над его головою. О! как сладки были для слуха моего мольбы врага о пощаде! Подлец! Он не умел и умереть благородно; он не выкупил ни одною минутою твердости черной своей жизни. Как унизительно выпрашивал он, будто милостыни, чтоб я дал ему время раскаяться! Нет, злодей! я не дам тебе раскаяться! Ты превратил в ад мое небо – ступай же сам в вечный ад! Я мог бы простить свою собственную, кровную обиду; но тысячи обид, нанесенных существу драгоценнейшему для меня всего на свете, с которым ты разлучил меня, – этого не мог и не должен был я простить. Это было выше души моей, – я с ожесточением вонзил ему в грудь свой клинок.

– Спрашивай о том у господина майора, – сказал я, указывая на латника.

Он вскочил.

– У меня одно приказание для вашего отряда, господин ротмистр, – отвечал он, – одна просьба до вас самих – велите зажечь замок со всех сторон: хочу, чтоб и самая память Остроленского погибла под пеплом!

Я склонил голову в знак согласия; скоро зазвучала труба. Мы едва успели сесть на коней, как замок вспыхнул столбом. Латник долго ехал, оборотись назад, будто любовался пожаром; но когда лес заслонил нас даже и от дымного облака, он впал в глубокую думу; мы не хотели докучать ему нескромным участием и ехали тихо, безмолвно.

Вдруг мой латник будто проснулся от сна.

– Господа! – произнес он, – прошу вас, как товарищей, отошлите этот кошелек в мой эскадрон. Пускай поминают меня мои добрые кирасиры! Отправьте также эти бумаги к брату моему (он назначил адрес), они будут ему весьма нужны… Наконец простите меня сами – не осуждайте память мою; сегодня, непременно сегодня я буду убит! Тень Фелиции посетила меня в прошлую ночь!

Мы изумились, слыша, с каким уверением говорил человек воспитанный о предчувствиях, о явлениях по смерти.

Впрочем, мы очень осторожно старались разуверить его.

– Вы видели портрет Фелиции, майор, а сон мог продлить заблуждение. Кровь ваша была вчерась так взволнована, так воспалена! – сказал я.

Латник горько улыбнулся.

– Господа! – отвечал он, – может быть, я не могу так же красно, как вы, толковать о лживости предчувствий, о невозможности сообщения живых с умершими… но я верил этому так жадно, так долго, эта вера была моею отрадою, какой-то голос в душе говорит мне, что я не обманут. Отечеству посвятил я жизнь мою, но умереть хочу для себя! За границею этого мира ожидает меня Фелиция!!

Более не молвил он ни слова.

Под вечер вышли мы на Виленскую дорогу и соединились с главным отрядом славного нашего Сеславина; к ночи налетели мы на Ошмяны, – там был сам Наполеон[22].

Несмотря на превосходство французов в силах, мы ударили в них как гром. Сам начальник наш с ахтырцами врубился в средину города, мы ворвались туда со всех сторон; крик, тревога, пальба, сабли и штыки в работе, но темнота, подарившая нас победою, укрыла Наполеона от поисков наших. Если б мы знали место ночлега, Ошмяны бы были геркулесовскими столбами его поприща[23].

Но, видно, судьба судила иначе: он ускакал.

Назавтра, на рассвете, я с поручиком Зарницким выступал из Ошмян в арьергарде нашего летучего, отряда. На улицах лежали еще трупы убитых;

---

[22] …там был сам Наполеон. – Наполеон, тайно покинув свою армию в декабре 1812 г. в местечке Сморгонь, близ Ошмян, передал командование Мюрату.

[23] …были, геркулесовскими столбами его поприща. – Геркулесовы столбы – древнее название Гибралтарского пролива, за которым, по мнению древних народов, находился конец Земли. Здесь: конец какого-либо дела.

многие дома дымились после пожара… живые прятались по углам. Мы тянулись через площадь, на которой французы держались упорнее прочих мест. Тела лежали на телах, ободранные, обезображенные. Вдруг Зарницкий осадил коня, спрыгнул с него и припал к какому-то трупу…

– Боже мой! – сказал он. – Посмотри, Жорж, это наш латник!

В самом деле то был он, и обнажен весь; кирас его брошен был недалеко в грязи, но каска на голове и палаш в стиснутой руке остались. За оружием никто не гнался. На теле его видны были несколько ран пулями и штыками. Выражение лица его сохранило еще гордость и угрозу, но на нем не виделось ни следа страстей, обуревавших его молодость, оно было светло и спокойно.

– Дай бог! – прибавил Зарницкий. – Чудный человек! ты задал мне чудную загадку. В самом ли деле тень Фелиции была вестницей твоей смерти, или вера в заблуждение заставила найти ее?

– Не пройдет, может статься, трех часов – и французская пуля разрешит кому-нибудь из нас эту тайну, – возразил я.

Задумавшись, стояли мы над телом убитого товарища… Эскадрон прошел… Звук трубы вызвал нас из забвения.

Мы вспрыгнули на коней и молча поскакали вперед.

ЧАСЫ И ЗЕРКАЛО

(Листок из дневика)

Time steal on us and steal from us.
Byron[24]

-Куда прикажете?-спросил мой Иван, приподняв левой рукою трехугольную шляпу, а правой завертывая ручку наемной кареты.

-К генеральше S.!-сказал я рассеянно.

- Пошел на Морскую!-крикнул он извозчику, хватски забегая к

---

[24] Время крадется мимо нас и крадет у нас.
Байрон (англ.)

запяткам. Колеса грянули, и между тем как утлая карета мчалась вперед, мысли мои полетели к минувшему.

Сколько приятных часов провел я у генеральши S.!.. Милая дочь, умное общество, занимательная беседа, приветливое обхождение, прекрасная дочь... Ах, Боже мой, да это повторение!-поневоле приходится начинать и заключать ею-она была душой, а может, и предметом всего этого! Чад большого света не задушил в ней искренности, придворные блестки сверкали только на ее платье, но ее остроумие не имело в них надобности. Весела без принуждения, скромна без жеманства, величава без гордости, она привлекала сердце очами и обворожала умы словом. Самые обыкновенные вещи, ею произносимые, принимали особую жизнь от чувства или мысли, выраженных лицом, от намека в одушевленных звуках голоса. Никто лучше ее не умел сливать светскую ветреность с сердечною мечтательностию и, храня строгий этикет модных приличий, повелевать меж тем модою-и отлично. Всегда окружена роем комаров-остроумцев, щеголей,- мотыльков и шпанских мух-богачей, она одна как будто не замечала ни приветов, ни воздыханий, ни взоров, ни вздоров, которыми ее осыпали. Стрелы паркетных купидонов отражала она своим веером-и самые меткие высыпались вон из корсета при раздеванье, вместе с лишними булавками. Не скажу, чтобы тщеславие, чтобы злословие-две стихии большого света были ей чужды,- нет! это едва ли возможно для всякой женщины и вовсе невозможно для дамы лучшего тона. Что бы заняло их дома? о чем бы стали они шептаться на балах, на съездах, на зрелищах, если б оставить в покое все репутации, все морщинки лиц и складки платьев, все ужимки и уборы присутствующих и все городские вести, изобретенные от нечего делать и повторяемые от нечего сказать? По крайней мере, она была тщеславна более по примеру, чем по сердцу; по крайней мере, насмешки ее были растворены каким-то добродушием: не уязвить того, о ком велось слово, желала она, а только развеселить того, кому рассказывала. Далека от амазонского тона многих столичных ровесниц ее, она терпеливо слушала лепетанье добрых, неопытных, доверчивых новичков-не превращая их в мороженое уничтожительным взором или словом, брошенным с высоты презрения, и ни одно умное словцо, ни одно острое замечание не оставалось без награды ее улыбки-кем бы ни было оно сказано.

Кладу перо и хладнокровно себя спрашиваю: не мадригал ли это, сочиненный моим сердцем? Не влюблен ли я? Но что значит это слово? Я так часто был влюблен, что, мне кажется, люблю только тех, в которых не влюблялся,- следственно, не разлюбил. Нет! это не сердечное пристрастие: чувства мои к ней были нежнее приязни-но тише любви. Я

66

досадовал, бывало, когда безотвязные пустословы мешали мне поговорить с ней, но не ревновал. Не знаю, мои ли обстоятельства или опасение не получить полной взаимности удержали меня между небом и землею,- только я не надевал на себя пестрого колпака вздыхателей и, скрепив сердце, грелся, но не сгорал ее красотою. Бывало, часы летели и речь кипела ключом, когда она, сбросив светские узы жеманства вместе с тафтяными цветами и пышными регалиями скуки, возвращалась в домашний круг свой, будто сейчас из пелен природы. Как простодушно умна, как непритворно чувствительна тогда бывала она! Я никогда не забуду последнего вечера, проведенного с нею: четыре года отлучки и бивачная, разбойничья жизнь в горах Кавказа не сгладили о том воспоминания: все это, как вчера, у меня перед глазами.

Со мною не церемонились-я был у них почти домашний; и после обеда мать отправилась faire la ciИste-немножко отдохнуть, чтобы не зевать на бале, на который собирались они. Мы остались у камина: брат ее, кавалерист, дремал под благодарным влиянием английских угольев и только порой побрякивал шпорами: видно, мысли его танцевали тогда мазурку. Старшая, замужняя сестра Софьи занималась счетом бисера для узоров кошелька; зато мы вдвоем говорили за четверых, и речь шла, конечно, не о слезах Андромахи. Слово коснулось живых картин, и я сказал, что многие дамы наши выигрывают в них безмолвием и неподвижностию, но что все мы теряли в вашем молчании, mademoiselle Sophie! Правда, вы были живою мыслию живописца; вы одушевили, возвысили ее собственным выражением и воображением; но одно движение, один звук вызвал бы искру восторга, который таился еще в немом созерцании!

- Даже если б я чихнула?-лукаво спросила она, возражая на комплимент мой.- Allons, M. Alexandre [Что вы, мсье Александр (фр.).], я не люблю шуму, и от высокого до смешного один шаг. Пойдемте-ка, я лучше покажу вам новую свою работу по бархату, свою совсем не живую картину!-Сказав это, она упорхнула вперед; я предложил руку старшей сестре, которая, полушутя-полусерьезно выговаривала Софье, что она без матушки приглашает молодого человека в свой кабинет,- но, однако ж, встала, и мы счастливо совершили суворовский переход.

Как жаль, что у нас нечем выразить английского слова Awe. Это не страх, не благоговение, не изумление, но что-то такое, которое имеет в себе нечто от всех трех. Таким-то чувством бывал проницаем я, переступая порог кабинета прелестной девушки, поражен не тем, что видел там, но тем, что угадывал или воображал. Здесь при лучах утреннего солнца вода освежает ее, как розу... Здесь перед зеркалом выбирает она из модной своей оружейницы (то есть гардероба) самые убийственные для нас наряды; здесь примеряет новую шляпку, новую улыбку к лицу или испытывает небрежно живописное положение; здесь повторяет нечаянные взоры, вздыхает за романом, мечтает после бала... и кто тот счастливец, о ком мечтает она? С каким-то чувством сладкого страха вступил я в комнату Софии-как будто в святилище. Некоторая таинственность, некоторый риск придавали тому еще больше цены. Все мне казалось там очаровательно: уборы и вкус их, свет и воздух! Бронзовые и хрустальные безделки манили взор прелестью работы или возбуждали любопытство новостию изобретения. Млечная крышка лампы проливала сияние луны; цветы и духи веяли ароматом. На канделябре висела шляпка с вуалем для гулянья по Невскому. На письменном столике, между блестящими альбомами, умирающий Малек-Адель бросал последний взор из-под английской карикатуры. Полуразрезанный роман Вальтер Скотта заложен был пригласительным билетом на бал; на недоконченном письме брошена была поддельная гирлянда, и журнал мод, развернутый на картинке, осенял своими крыльями Шиллера и Ламартина; полусожженный листок из Дарленкура, служивший для зажигания кассолета, заключал картину,- словом, все в пленительном беспорядке-то была ода в анакреонтическом роде-или, лучше, история сердца и ума светской девушки. Так я мог следить ее прихоти и склонности-борьбу ветрености с жаждою познаний, с потребностью занятий душевных; желание блеснуть, нравиться и побеждать равно наружностию и умом в свете, столь скучном своими обычаями и столь милом по привычке. Привычка-вторая природа, говорят все. Мне кажется, что природа сама-первая привычка... ни больше, ни менее.

София сдернула покрывало с небольших пяльцев, в которых натянута была бархатная белая полоса, и на ней яркими оттенками весьма искусно изображалась вязь плодов, перемешанных с цветами. Я молча глядел то на работу, то на Софью, и снова, и снова попеременно; она взглядывала то на меня, то в зеркало. "Вы настоящая Аврора,- сказал я,- под вашими перстами расцветают розы!"-"Разве маки,- возразила она,- я встаю слишком поздно для вестниц Феба. Притом быть петербургскою зарею значит проститься со всеми своими знакомыми-которые видят восход солнца только на Вернетовой картине!" Я уверял, что она весь свет сделает раннею птичкою, введет в моду утренние прогулки, и все лорнеты, все трубки обратятся к востоку, подобно очам правоверных! Она возражала, что спрашивает о цветах, а не о себе. Я говорил, что невозможно, глядя на них, не вздумать о лучшем из них. Она желала знать, хороша ли работа. Я отвечал, что в отсутствие художницы она казалась бы прелестною, но при ней искусство уступает природе и краски кажутся безжизненны, что персики могли бы позавидовать пуху щек ее, а розе надо бы занять у нее румянца. Она говорила, что я приветлив (complimenteux) слишком по-светски. Я говорил, что я слишком искренен для света. Она говорила, что иногда не понимает меня. Я говорил, что теперь и сам себя не понимаю. Она говорила,- виноват, она молчала,- но я не переставал говорить глупости-и не диво: благовонный воздух дамских кабинетов напоен их прелестями-взоры их так обворожительны, божественная заря так прилипчива! Сердце тает, язык болтает-и все это делается, сам не знаешь как.

Било семь. "Как они отстают!"-вскричала Софья. Восклицание это доказывало нетерпение ее быть на бале, где найдет она множество поклонников, затмит многих соперниц. Я взглянул на часы едва ли не со вздохом-они врезаны были наверху большого трюмо. Странное сочетание! Урок ли это нравственности? Напоминание ли, как дорого время, или эмблема женских занятий, посвященных зеркалу? Приятное ли, разделенное с полезным, или полезное-жертва приятному? Вероятно, мастеру, который для странности или по случаю соединил в одно эти разнородные начала, не вспадало на ум ничего подобного; да и сам я подумал о том, будучи уж дома и один.

-Направо, стой!-кричит Иван... Карета остановилась; звонок дрожит на пружине, и сердце мое бьется... Это ничего! точно так же билось оно у дверей каждого из прежних друзей моих. Радость их видеть и вместе страх увидеть остывшими или не так счастливыми, как бы хотелось, неизвестность встречи или приема-вот что волнует грудь странника. "Принимает!"-говорит старик швейцар, вздевая очки на нос, но прежде чем он успел разглядеть и узнать меня и удивиться, что я так давно не был,- я уже на верху лестницы, я уже в гостиной. Генеральша, разговаривая с двоюродного сестрою своею, почтенною женщиною преклонных лет, раскладывала гранпасьянс. "Очень рады".- После обыкновенных расспросов, где и как был, что выслужил, я наведался о здоровье любезной дочери. "Слава Богу, она у себя в комнате,- отвечали мне,- и будет довольна, вас увидя; не угодно ли потрудиться войти к ней?" Я удивился, но не заставил повторять себе приглашения. "Что бы это значило?-думал я...- только однажды, и то украдкою, мне посчастливилось быть у Софьи в комнате, как ни короток я был прежде в доме; а теперь меня посылают туда без провожатого! Люди или обычаи здесь изменились?"-Софья встретила меня радостным восклицанием, как старинного друга,- и в этот раз грешно бы было сомневаться в ее искренности: она была так уединенна, так одинока! Она не походила на себя-на прежнюю себя. Куда девалась эта свежесть лица? этот прозрачный тонкий румянец, эта роза любви, в очах тающая? эта нежность лилейной шеи, гордой груди? Те же цветы, обновясь, красуются на ее окнах, но она увяла! Неужели четыре года-век красоты? Нет: я прочитал иную повесть в томных чертах, в грустных взорах Софьи! Не от одной напряженной жизни большого света, не от бессонницы и утомления на частых балах так быстро поблекла она,- к этому присоединились нравственные огорчения: червяк тоски тихо сточил ее сердце, и роза опала, не пережив весны своей. Колесо моды вынесло вверх других красавиц, и поклонники прежней умчались вслед новых метеоров; атмосфера вздохов, которою жила, дышала Софья,- рассеялась, и она, к досаде своей, должна была ежедневно видеть успех других, поглощать свое унижение и, так сказать, украшать трофеи соперниц. Слишком строгая в выборе во время владычества-по вкусу, она и теперь не изменила себе-из гордости. Связи родства и приданое ее не были так значительны, чтобы привлечь превосходительных (я не говорю, превосходных) женихов-математиков; а люди, достойные ее по сердцу и летам, удалялись невесты столь высокого полета, привыкшей к блистающей жизни, к знатному кругу знакомства, которого не могли, а может, и не желали бы поддержать. Кто знает: может, и любовь, тайная или обманутая, отвергнутая или неразделенная?.. И это сердце, созданное для того, чтобы любить,- изныло в одиночестве среди людей, посреди шуму, безответно! И эта прелестная девушка, которая бы украсила общество как супруга, как мать-отжила для надежды в двадцать три года, забыта светом, которому принесла себя в жертву. О, свет, свет! Как мало даешь ты-за все, что отнимаешь! Блестящи-но тяжки золотые цепи твои, и мы еще более отягчаем их связями. Умножая наслаждения, мы умножаем страдания разлуки с ними; мы срастаемся с тобой, и рука судьбы, отрывая нас прочь, расторгает сердце!

В кабинете Софьи заметно было гораздо более порядка: все у места, все прибрано-теперь ей более досуга. Сама она сидела спиной к зеркалу, которое не могло уже ей показать, какова она была,- и в котором не хотела она видеть себя, какою стала. Она углублена была в чтение истории герцогов Бургундских; доказательство, что занятия ее стали основательнее,- нет худа без добра. Она показалась мне любезна по-прежнему, но в остроумии ее было менее живости, в эпиграммах более соли, чтоб не сказать желчи. Она смеялась-но уже этот смех обличал досаду покинутой, а не удовольствие торжествующей красоты. Разговор был более шутлив, чем весел. Она просила меня рассказать поправдивее о Кавказе. "Пушкин приподнял только угол завесы этой величественной картины,- говорила она,- но господа другие поэты сделали из этого великана в ледяном венце и в ризе бурь-какой-то миндальный пирог, по которому текут лимонадные ручьи!.." Я, как умел, вернее старался изобразить ей ужасающие красоты кавказской природы и дикие обычаи горцев-этот доселе живой обломок рыцарства, погасшего в целом мире. Описал жажду славы, по их образцу созданной; их страсть к независимости и разбою; их невероятную храбрость, достойную лучшего времени и лучшей цели. Беседа наша была довольно любопытна, даже занимательна-но со всем тем мы оба охотнее бы променяли все эти рассудительные разговоры на тот час, когда мы болтали вздор, склонясь над рисованными цветами!!

Между прочим, Софья поздравила меня с избавлением от страсти к комплиментам. Привет это или укор? Я в самом деле не сказал ей ничего лишнего-ложь замирала у меня на устах. Женщины, однако, любят похвалы красоте своей еще больше, когда она исчезла. В цвете они принимают их за долг, в отцвете за дар: это наши князья без княжеств, графы без графств. Сиятельство приятно им и без сияющих достоинств, как обет или воспоминание.

Наконец я взглянул на часы и встал, чтобы сойти в гостиную. "Не верьте им: они бегут!"-сказала Софья. Как много в немногих словах!! Давно ли, когда надежда торжества опережала время, она говорила, глядясь в зеркало: "они отстают!" Теперь, когда вылиняли крылья радости и сердце не успевает уже за временем, теперь: "они бегут". Так, они бегут-и невозвратно! Сочетание зеркала с часами поразило меня более, чем когда-нибудь: в два раза вся история красавицы мне виделась на них начертанною; мне виделся в них живой, но бесполезный урок тщеславию.

Я вышел грустен. Случайные слова "они бегут!", "они отстают!"-произвели на меня сильное впечатление, произнесены будучи особою, столь несчастливою, но столь достойною счастия. Ровными стопами идет время-только мы спешим жить в молодости и хотим помедлить в ней, когда она улетает, и оттого мы рано стареем без опыта иль молодимся потом без прелести. Никто не умеет пользоваться ни выгодами своего возраста, ни случаями времени, и все жалуются на часы, что они бегут или отстают. О, Софья, Софья! Не имя, а участь твоя навела на меня этот порыв мудрости: твои часы и зеркало еще и теперь у меня перед глазами.

НОЧЬ НА КОРАБЛЕ

Я помню прежних лет безумную любовь,
И все, чем я страдал, и все, что сердцу мило;
Желаний и надежд томительный обман.
Шуми, шуми, послушное ветрило!
Волнуйся подо мной, угрюмый океан!
А.Пушкин

...Ветер свежал, валы разыгрывались сильнее и сильнее - фрегат[25] наш быстро катился по темной пучине океана. Заря давно уже потухла на краю пустого небосклона. Кругом темнело - и только вдали чернелись мачты сопутного нам русского флота, только мерцали по кораблям фонари, будто звездочки. Я сидел на корме, на коронаде[26], и любовался великанскими валами, которые как будто наперерыв гонялись за фрегатом, достигали его и с журчанием, с плеском о него разбивались. Фрегат вздрагивал при каждом ударе; клонился набок перед каждым напором ветра и снова вставал с треском и скрипом. Вахтенные матросы дремали по своим местам, и лишь однозвучное восклицание лейтенанта: "Steerboard! Backboard! " (право руля, лево руля) и вечный ответ: "Yes, yes" (слушаю!) повременно нарушал сторожной сон мореходцев. Я уже ознакомился с морскими опасностями и привык их не бояться. Притом равнодушие всех окружающих внушает спокойствие и самому робкому путешественнику; я беззаботно предался мечтаниям под свистом ветра, и, между тем как взоры мои летали за брызгами сшибающихся валов, мысли стремились далеко, очень далеко.

- Опять мечтаешь! - сказал мне капитан фрегата Рональд, тихо ударив по плечу, - а любезные твои товарищи беспечно пируют с нашими моряками в кают-компании. Но скажи искренно, dear Alister[27], куда и к кому летала теперь крылатая мысль твоя?

- Я упредил быстроту твоей стрелы, капитан! я уже был на родине, милый Рональд!

Но я опишу прежде, кто был этот Рональд.

Он шотландец; говорят, отличный офицер на море и на суше;

---

[25] Фрегат - трехмачтовый военный парусный корабль; второй по величине после линейного корабля.
[26] Коронада - небольшая пушка.
[27] Дорогой Алистер (англ.).

высокого росту и стройного стана, русоволос и смугл: две редкие вещи в британской природе. Не красавец, но, право, если б я был женщиной, то трудно б было в него не влюбиться. Какая-то суровая грусть придавала бледному лицу его важность и занимательность. Его глаза сверкали редко, но видно было, что это зарево прежнего пожара страстей. Есть глаза, которые с первого взгляда вызывают откровенность и заверяют дружбу; таково было благородное лицо Рональда. Мы с первой встречи были уже друзьями.

- Я был на родине! - повторял я.

- Счастливец! - сказал со вздохом Рональд. - Для тебя расцветает там будущее, но для меня оно нигде не существует.

- Ты несчастлив, Рональд? - спросил я, дружески пожав ему руку. Его тронуло мое участие. За это искреннее пожатие руки он заплатил мне таким взором, что, если этот взор приснится мне и в могиле, я наверно улыбнусь от удовольствия. Со всем тем нелюбовь к человечеству превозмогла, и он с горькою улыбкою повторил:

- Несчастлив! люди так расточительны на выражения, что я боюсь показаться забавным, назвав себя только несчастливым. Говорят: как я несчастлив, что опоздал в театр, как я несчастлив, что не затравил зайца! Что ж сказать после этого мне, потерявшему все радости невозвратно и безнадежно?

- Ты любил, Рональд?

- Любил ли я?.. какая ж иная страсть в наши лета может возвысить душу до восторга или убить ее до отчаяния! Честолюбие родится уже в чаду потухшей любви; прилипчивое золото останавливает одну ползущую старость - юноша летит и любит. Ты сам любил, Алистер, и ты поймешь меня. Я стал чужой между одноземцами, товарищи не могут разуметь моих чувств; но у пылких душ одна отчизна, и я рад, что могу освежить свою разделом и высказать горе минутному другу, обитателю берегов невских; послушай.

Четыре года тому назад, как я ходил в Ост-Индию[28] на военном корабле, конвоировавшем флот компании. На возвратный путь к нам флагманом назначен был контр-адмирал кавалер Астон, занимавший в Мадрасе место вице-губернатора и возвращавшийся тогда с семейством своим в Европу. Он избрал наш корабль для пребывания, и мы снялись с якоря, едва он ступил на палубу. Я уже наслышался и о красоте старшей дочери Астона, но никогда не забуду той минуты, в которую ее увидел в полном блеске красоты и молодости. Как теперь гляжу на нее, одетую в

---

[28] Ост-Индия - так в старину называлась собственно Индия, в отличие от Вест-Индии - островов в Атлантике близ Американского континента.

светло-зеленое платье с перламутровою пряжкою на поясе и в широкой соломенной шляпке; не умею выразить, что со мной сталось, когда я подал ей руку, чтобы помочь выйти из шлюпки, когда она поблагодарила меня взором и, закрасневшись, опустила длинные ресницы!.. Есть страсти, которые вспыхивают, как порох, и горят до конца, как свеча, - такая-то страсть вспыхнула и во мне, Алистер!

По счастию или по несчастию, меня, как младшего лейтенанта, назначили к адмиралу флаг-офицером, то есть в должность, равносильную адъютантской, которая требовала, чтобы я безотлучно находился при адмирале. Скоро я сделался у него домашним, еще скорее Мери ознакомилась со мною; уже она не краснела, встречаясь со мною взорами, - и нередко я заставал их пристально устремленными на меня. Бывало, она садилась диктовать какую-нибудь бумагу по службе, и я не дивился, отчего в них так много пропусков и ошибок. Бывало, когда я сижу за рисованием, она склонялась через мое плечо посмотреть на рисунок, и карандаш трепетал в руке, как в груди трепетало сердце. Как любил я спорить с этою милою, остроумною Мери и как часто забывал свой предмет и доказательства, вперяясь в ее небесные очи! Сколько раз, безмолвен, в упоении и в забытьи, сидел я за чайным столиком, любуясь каждым движением Мери и, кроме ее, ничего не видя и не слыша. Вся вселенная втеснилась для меня в каюту адмирала; в Мери забывал я всю вселенную. Три месяца восторгов пролетели как сон - и корабль наш бросил якорь у берегов Бразилии. Желал бы забыть и позабыл тебе сказать, что Астон имел жену, со всеми недостатками дурного воспитания, со всеми пороками злого характера, со всеми прихотями ничтожной гордости. Она управляла адмиралом, человеком умным, но слабым, который предпочитал беспрекословно повиноваться воле жены, чем с шумом исполнять свою. Однако же леди Астон умела даже и его вывести из терпения. Рассорилась с ним в Мадрасе и за две недели до его отъезда отправилась на ост-индском корабле к родным своим в Англию. Вообрази же, каково было наше изумление, когда при выходе адмирала на берег в Рио-Жанейро она кинулась в его объятия, как будто ничего не бывало. Такая нежданная и нежеланная встреча поразила и испугала Астона, который был весьма рад избавиться от любезной своей половины; но стечение народа, было многочисленно, семейные ссоры и театральные сцены были бы не у места. Астон покорился необходимости и, проклиная внутренно такой случай, прижал жену к груди своей.

Мое счастье улетело с приездом леди Астон на корабль. Эта капризная женщина видела все в черном виде, и каждое движение дочери и каждый шаг мой были перетолкованы и оценены. Меня стали звать к адмиралу реже и реже и наконец совсем удалили от должности. Все, что терпело сперва мое самолюбие от обхождения леди Астон, - было услаждено удовольствием видеть Мери, - но все это было ничто против мученья столь соседственной разлуки. Быть так близко подле нее и не быть с нею, слышать ее голос и не видеть ее лица, внимать шум ее походки, и только!.. О, Алистер! это выше всякого понятия. Уныние Мери двоило тоску мою... и я таял очевидно. Этого мало: несчастье преследовало меня еще далее. Однажды мне удалось поговорить с Мери в каютное окно с галереи кают-компании, - но я дорого заплатил за это минутное удовольствие. Леди Астон меня увидела.

Чрез полчаса я был позван к адмиралу. Леди Астон с пылающим лицом сидела на диване, и следы ее гнева еще видны были на опрокинутом чайном столике и разбитых чашках; Мери плакала, сам адмирал ходил взад и вперед по каюте. "Вы съедете сию же минуту на корабль "Impregnable" ("Неодолимый") и заступите там место заболевшего лейтенанта! - сказал он мне очень сурово. - Я сожалею, что здесь задержал вас; вот ордер капитану Форрестеру... Прощайте!" Леди кивнула мне головою и бросила злобный взгляд; но я не мог видеть прелестного лица Мери, закрытого длинными ее локонами... Не помню, как вышел я наверх; не помню, как посадили меня в шлюпку; знаю только, что огромным вялом опрокинуло нас у самого борта и с корабля едва успели спасти меня и плавающих гребцов. Между тем буря свирепела час от часу, и уже нельзя было думать спустить гребное судно. Я остался.

Мы были уже на параллели Бискайского залива, когда ураган захватил нас. Он был жесток и продолжителен; двухдневная ночь задернула небо; ветер кружил, и никто не знал, где мы находимся. Пазы стали расходиться от качки; вода врывалась в корабль, как в решето; и люди падали у помп от изнеможения. Вдруг мы почувствовали удар - и руль вылетел вон, как перо... "Кидай лот!" - "28 фут". - "Плохо!" - "25 фут". - "Еще хуже!" - "24 фута". - Ай, ай! ай! еще фут, и мы на мели, но глубина вдруг пошла на прибыль. Утешительный голос запел: "35 фут!" - "Хорошо!" - "42 фута". - "Нельзя лучше!" - "50 фут". - "Бесподобно!" - "Дна нет, лот[29] проносит". - Слава богу, думали все. Ушли от погибели. Но в это же мгновение корабль всем днищем грянул на мель, и волнением его начало бить о подводные скалы. Ужасное мгновение! мертвая тишина настала по стоне и воплях... корабль тихо повалился набок, валы, как горы, пошли через палубу и, поднимая всю громаду, - разрушили ее в щепы, уносили в море несчастных. Только при блеске молний, разрывающих мрак, обозначились черные скалы недалекого берега, - и белыми полосами мелькали, будто привидения, станицы хищных чаек, которые со зловещим криком вились

---

[29] Лот - прибор для определения глубины.

над нами, радуясь своей добыче. Смерть была кругом: все гибло. Отчаянный, вбежал я в адмиральскую каюту: половина ее была уже в воде. Сердце мое облилось кровью - от того, что я увидел при бледном свете фонаря. Адмирал, между женой и двумя полумертвыми дочерьми, хотел и не мог скрыть ужасную истину! Мысль о вечной разлуке оледенила слезы в глазах его. Казалось, он оспаривал у жадной стихии ее жертвы; казалось, он хотел заслонить их от волн, врывающихся в разбитые окна. А Мери... Я бы отдал тысячу жизней одна за другою, чтобы спасти Мери, - но я позабыл о себе и о смерти, когда она с воплем исступления кинулась ко мне на грудь и заклинала спасти ее сестру, ее родителей. - Не знаю, какой ангел сохранил меня от безумства - видя неизбежную гибель той, которая была для меня все!

Рассвет озарил весь ужас нашего положения: одна только корма оставалась на поверхности - все прочее разнесено было волнами. Перед нами в полуверсте лежал пустой каменистый берег, и высокие всплески показывали, что он неприступен. В горизонте не видно было ни одной мачты; только море бушевало кругом бедных остатков нашего корабля и ежеминутно грозило поглотить нас. Не знаю, можно ли вполне уразуметь мученье подобного состояния, еще более, когда видишь подле себя любезную?..

Я кончу вкоротке, Алистер; мы решились связать в плот кой-какие доски и бревна, привязать к ним женщин и пуститься с волнами к берегу, на божию волю. Трое матросов унесены были волнами, еще двое раздавлены стиснутыми обломками, но остальные, напутствуемые Провидением, полуизбитые о камни, выброшены были на берег у подошвы скал. Во все это время я находился подле Мери, поддерживал ее на воде, удалял бревна, могущие сдавить ее, и уже видел ее вне опасности распростертую на песке, как вдруг огромный вал далеко взбежал на берег, покрыл нас - и унес бесчувственную Мери опять в море...

- Она утонула? - вскричал я.

- Она спаслась, Алистер!

Одна любовь могла вдохнуть в меня новые силы. Я кинулся в море, долго боролся с набегающими валами и наконец достиг ее - и с нею выплыл до мелкого места. Изнемогая, обвязал я около ее тела брошенную с берега веревку - и опустился на дно. Горькая вода лилась в меня, в ушах звенело и журчало - меня душило, грудь разрывалась - еще усилие, еще вздох - и больше не помню.

Есть утешительные минуты в жизни. Я открыл глаза, и что ж? Мери, бледная как воск, склонясь, стояла надо мною. Влажные волосы прильнули к шее, капли морской воды катились еще по прелестному ее лицу. Вся душа ее была в глазах, устремленных на меня со страхом ожидания. Рука ее лежала на моем сердце, которое билось для одной ее, для ней только перестало биться! Ах, зачем я не умер после этого небесного мгновения!

Мы находились на пустом берегу острова Овезанда. Вся семья адмирала спаслась. Еще двое офицеров и восемь человек матросов... прочие погибли. Скоро утихла буря, и шлюпки, с флота посланные, нашли нас и перевезли на покойнейший корабль. Помощь лекарей и старания дружбы восстановили силы наши, и флот, без всяких приключений, прибыл в Англию.

Леди Астон не могла не чувствовать важности услуги, мною оказанной. Обещания, которые вырвались у ней в минуту погибели, и ласки, которыми она осыпала меня за спасение Мери, были у ней еще в свежей памяти: дом адмирала стал для меня отворен.

Я взял отставку и зажил в Лондоне. Настала зима, пришла пора балов, и я сказал "прости" своему спокойствию. Свет был для меня не чужой: я бросил его по сердцу и снова бросился в него для сердца, вслед за Мери. Лорд Грагам считался мне сродни, и потому я мог смело кидать свои карточки на камины богачей и вельмож, которые жили открыто. Мери, предупрежденная молвою, показалась к ним в сопровождении толпы модных воздыхателей, и все наши dandys заахали от удивления, все кинулись ее смотреть с таким же чувством, как смотрят они новую панораму или белого слона. Но, к сожалению, увидел я, что лесть и пышность кружили Мери голову. Она уже скучала домашнею жизнию и только воздухом гостиных дышала веселее. Гораздо чаще произносила она имена графинь и леди, чем имена других своих приятельниц. Улыбка самодовольствия мелькала на ее щеках, когда лорды и баронеты танцевали с нею; одним словом, я не узнавал в этой гордой красавице Мери, и она едва узнавала своих старых знакомцев. Я так много любил ее, что не мог не желать быть часто с нею; но довольно горд, чтоб не ползать в толпе окружавших ее кукол и добиваться очереди. Поэтому я танцевал с нею редко, и беспокойное мое воображение не дремало на досуге. Нередко, правда, когда Мери сходилась со мною, видно было, что, хотя тщеславие шептало ей за лордов и эсквайров, сердце говорило за сира Рональда, и она незаметною ласкою награждала своего верного рыцаря. Однако ж самолюбие мое оскорблялось тем не менее, что она не искала, хотя и не избегала случаев быть со мною. Сколько бессонных ночей, сколько дней безотрадных провел я от этих балов; как много крови сожгли во мне ревность и досада! Только дома находил я в ветреной Мери прежнюю милую Мери, и сердце мое, охладевшее в свете, таяло от ее взора, и ревность утихала от ее внимания. Наконец благосклонность Мери оживила щекотливые надежды мои, и страсть сравняла все препятствия. Я забыл высокомерие ее родственников и неудовольствие моих родных. Лестная мысль обладать Мери совершенно овладела мною - и я стал довольно явно оказывать свои намерения. Да и почему бы не мог я жениться на Мери? Предки мои предводили кланами еще тогда, как предки многих из нынешних лордов пасли стада свои; имена Рональдов были чаще на устах славы, чем имя Астонов, и состояние мое могло доставить жизнь не блестящую, но безбедную. Я не говорю уже о себе, потому что говорю в смысле приличий, хотя нигде и ни в чем я не бывал последним.

Заметив мои виды, леди Астон вспыхнула. Привязалась ни к чему, велела дочери удалиться и обиняками наговорила мне множество обидного. Для Мери я скрепил сердце, переломил свою гордость и молчал. Я еще желал внутренно разуверить себя, извинить леди Астон, приписывая все угрюмости ее характеру, а не умыслу. Дорого стоило мне решиться быть еще раз у Астона; однако ж любовь перемогла, и я дня через три явился к обеду.

Упрямая леди не вышла; адмирал был холоден; я ожидал этого и не удивился; но вид Мери поразил меня: ее спокойное цветущее лицо нимало не изменилось при моем входе. Она обошлась со мною, будто с едва знакомым. Односложные слова были ответом на мои вопросы. Друг Алистер! она коротко знала мой нрав, знала, что малейшая безделица может расстроить меня надолго, что одно ее холодное слово могло отравить мое существование, - знала - и ни одного взора, ни одного утешительного взора не склонила на того, кому за три дня посылала с ними и сердце. Это уже было чересчур для меня. Воля матери не могла заставить ее терзать меня и холодность удвоить высокомерием. Есть конец всему... и чувство собственного достоинства подкрепило мое слабое сердце. Я мог быть презрен, но презрителен - никогда! Рональд не привык играть роль Селадона на привязи - я гордо простился с Мери; но мог ли я хладнокровно перенести эту обиду моему самолюбию, эту измену в прекраснейшем существе на земле, и с тем - уничтожение лучших надежд, сладчайших мечтаний моих!.. Друг! друг! я впервые плакал тогда кровавыми слезами обманутой любви и неудовлетворенного бешенства!

Заря застала меня на пути к Плимуту, и через десять дней я ступил на испанский берег, как волонтер Веллингтоновой[30] армии. Там искал я рассеяния и не находил его. Мое сердце замерло для красот природы, для

---

[30] Веллингтон Артур Уэлсли (1769-1852) - английский военачальник в 1808-1813 годах. Командовал союзными войсками в войне с Наполеоном на Пиренейском полуострове. В 1815 г. - победитель в битве при Ватерлоо.

веселостей жизни, и шум бивака не заглушал тоски душевной. Образ Мери не оставлял меня в дыму битвы и на софах красавиц знойного климата. Искренно признаюсь тебе, Алистер, что безнадежная страсть эта утешала меня. Я любил воображать Мери невольно меня оправдывающую, может быть сожалеющую Рональда. Я думал о ней, гоняясь за славой, - мечтал, как дойдет до нее весть о моей отваге, о моем отличии, - она со вздохом скажет: "он мог быть моим...", но к чему воскрешать невозвратное! к чему развевать пепел погасшей лавы!

Протекло два года, и моя тихая грусть взволнована была вновь письмом от двоюродной сестры моей из Англии. Она писала, что бывает часто у Астона, что у них многое переменилось. "В большом свете на все мода, - изъяснялась она. - Мери проблестела свою череду - и мотыльки вьются теперь около новых цветков. Да и без того в молодежи нашей не было бы проку: один золотой магнит привлекает ее постоянно, а Мери не довольно богата для того круга, в который бросила ее судьба. Воздушные королевства леди Астон рассеялись, и она видит теперь, что напрасно метила на перов да вицероев[31]; зато бедная Мери, со своим пылким сердцем и в нем с необходимостью любить, достойна участия, не только сожаления. Завлеченная наружностию, обманутая выученными фразами, она думала найти Грандисонов[32] в большом свете и поздно узнала свою ошибку. Автоматы наши не могли не только чувствовать, подобно ей, ни даже разуметь ее чувствований. Забытая в толпе, Мери, снедаемая самолюбием и раскаянием, блекнет и худеет, и мне кажется, милый Рональд, что она еще любит тебя, любит более чем когда-нибудь. Когда заводят о тебе разговор, она задумывается, вздыхает украдкою, и нередко слезы навертываются у ней на глазах. Адмирал скучает, что не с кем спорить о политике... "Бывало, Рональд, - говорит он; даже леди Астон начинает хвалить тебя". "Милый братец, - прибавила кузина, - отбрось гордость, которая делает тебя несчастливым, перестань бегать от самого себя; приезжай к нам, а прочее сладится само собою. Мери еще прекрасна и с тобой расцветет вновь, как роза". Можешь себе вообразить, Алистер, что это письмо еще более прежнего возбудило мой гнев. Нет! унижением не купит Рональд своего счастия, не станет заменительным мужем за недостатком лучшего, не будет le pis-aller[33], как говорят французы. Я изорвал письмо и остался в армии.

Славный день сражения при Виттории был черным днем для меня.

---

[31] Вицерой - вице-король, высший придворный чин.
[32] Грандисон - идеальный герой романа английского писателя Сэмюэля Ричардсона (1689-1761) "История сэра Чарльза Грандисона" (1754).
[33] крайним средством (фр.).

Увлеченный излишнею запальчивостию в преследовании неприятеля, я вскакал в кирасирский эскадрон и, простреленный пулею в руку, был сбит с лошади и захвачен в плен. В Испании трофеи были редки для французов, и меня немедленно отослали во Францию. Скоро, по размене пленных, я стал свободным и, выздоравливающий, полетел на родину. Как сладостно забилось сердце мое, когда с пристани в Кале завидел я туманные берега Британии. Время утишает гнев, разлука придает цену свиданию, и я радостно воображал себя уже в кругу друзей и родных и, скажу ли?.. мечтал о Мери, о счастии; сердце ее оправдывало и даже самый разум говорил: "кто не заблуждался?.." Я колебался. Все может быть, думал я наконец; но к чему разгадывать будущее?

Между тем в ожидании пакетбота[34] мне вздумалось побродить по городу. "Вот английская церковь", - сказал лон-лакей[35], указывая на один дом, и я зашел посмотреть ее. Меня удивило, что двери не были заперты, а в церкви ни души. Только в приделе, направо, стоял на катафалке гроб. Я взошел на ступени, чтобы прочесть надпись прибитой на нем гербовой доски, но верхняя ее часть случайно была закрыта крепом, и я только мог разобрать, что умершая была молодая путешественница, которая искала на твердой земле здоровья и нашла гроб, едва ступив на нее. Любопытство заставило меня поднять покрывало, но какой-то невольный трепет охватил меня, когда я стал отцеплять покров от цветочного венка, в который он запутался. Я поднял его медленно, и умершая, бледная как смерть, но прелестная как жизнь, представилась глазам моим. В церкви было темно: я наклонился, чтобы рассмотреть ее попристальнее, и вдруг глаза мои остановились вместе с дыханием: это была Мери Астон! Этих чувств, которые соединяют в одной минуте целые веки адских мучений, Алистер, не ощущают дважды. Не знаю, как вынес я и одно то мгновение, когда прижал губы свои к мертвым посиневшим устам обожаемой Мери и напечатлел на них прощальный поцелуй, который запрещен был мне при ее жизни. - Кровь во мне застыла, разум помрачился - и я без чувств упал на холодный пол... Друг Алистер! я едва не плачу теперь, но тогда я не мог плакать... - Рональд завернулся в полосатый плащ свой, чтобы скрыть свои слезы... но ему нечего было их стыдиться - горячая слеза участия упала на сжатую в руке моей руку несчастного. Ветер завывал, паруса трепетали, и фрегат наш быстро катился по темной влаге океана.

---

[34] Пакетбот - небольшое судно, употреблявшееся для пересылок, связи.
[35] Лон-лакея - привратник.

ИЗМЕННИК

...Never pray more; abandon all remorse;
On horrors head horrors accumulate:
Do deeds to make heav'n weep, all earth amaz'd
For nothing canst thou to damnation add,
Greater than that.
Shakespeare[36]

I

"О родина, святая родина! Какое на свете сердце не встрепенется при виде твоем? Какая ледяная душа не растает от веянья твоего воздуха?"

Так думал Владимир Ситцкий, с грустною радостию озирая с коня нивы, и пажити, и рощи переславские, свидетелей его детства, и любопытным взором, как будто желая испытать память свою, искал и предугадывал он мелькающие из-за лесу главы обителей. Правда, они не казались теперь ему, как прежде, огромными; окрестность не была уже бесконечна; но она была по-прежнему светла, все по-старому приветна. Он выехал, наконец, на озеро Плещево и стал, пораженный красотою природы, чувствами давно забытыми и новыми.

Тихо, как сон его детства, лежало перед ним озеро в изумрудных рамах своих, отражая вечернее небо, и снежные стены обителей, и сумрачный город, и чуть оперенные майскою зеленью рощи. Ладьи рыбарей, мнилось, летели в шаровидном небе, и утомленные чайки дремали на развешенных сетях или, чуть зыблемые, на влаге хрустальной. Весенние жаворонки провожали солнце с поднебесья и сверкали там последними его лучами, сливая звонкое свое пение с гремленьем тысячи ручьев, збегающих в озеро.

Как пыль сражения улегается под дождем, смывающим кровь с лица земли, улеглись страсти в душе Владимира. Память буйной молодости, дворское честолюбие, жажда битвы и славы и все, все уступило место чувству, близкому к раскаянию. Он слез с коня, припал к воде, которою

---

[36] ...Больше не молись; отбрось все угрызения совести; на голову ужасов нагромозди еще ужасы: пусть твои поступки заставят рыдать небо и изумляться всю землю, ибо ничто другое пе приведет тебя скорее к проклятью, чем это. Шекспир (англ.).

часто плескался в отрочестве, в которой теперь, как в святочном зеркале, мелькало ему прошедшее, жадно пил ее, - и спокойствие вливалось в него струей вместе с прохладой! Со вздохом сказал Владимир:

- Они не терпят нечистого в своем лоне и с гневом выбрасывают его на берег[37]. Пусть же берега твои сохранят меня от гонения моих злодеев, от бури жизни и всего более от меня самого, как твои воды спасали некогда предков от ярости татар![38]

Полный надеждою взор Владимира стремился к стенам Переславля. Там уже не было его родителей; но добрая память стерегла их могилы и сердечное добро пожаловать ждало их наследника у порогов друзей. Долго еще лежал Владимир на свежей мураве, улелеянный мечтами под крылом родимого, неба, и сон росою упал на утомленные члены путника - сон, какого давно не знала кипучая душа его.

II

Лениво подымалися, утренние туманы с тихого Трубежа[39], и летнее солнце невидимо вскатывалось над ними. На валу Переславля часовой ратник, опершись на копье, глядел на работу плотника, поправлявшего деревянный сруб крепостной стены.

- Это бревно никуда не годится, - сказал он плотнику, - в нем сгнила сердцевина.

- Так-то и с нашею Русью, Петрович, - ответствовал плотник, вонзая топор носком в дерево и присев на ве

иец, - Москва, сердце ее, испорчено, а мы терпим. Она кличет к себе из Польши царей, а мы подавай войско то за них, то против них драться! Поляки пируют в Москве; вор Сапега обложил Троицу, а от нее далеко ли и до нас! Прогневали мы господа неправдой; коротается наш век бедами; кто скажет, что мое добро, моя голова будут у меня завтра?.. В плохие мы живем годы, Петрович; за царя Бориса не так было.

- Нашел чем хвалиться! Нашему брату ратнику не удалось при нем

---

[37] Доселе идет поверье, что Плещево при погоде выкатывает всякую брошенную в него вещь. Вероятная тому причина есть пологое и сферовидное его дно. (Примеч. автора.)

[38] Жители Переславля, большею частию рыболовы, спасались, во время неоднократного нашествия татар, на лодках, выезжая с лучшим имуществом на средину озера. (Примеч. автора.)

[39] На реке Трубеже, впадающей в Плещево, расположен Перо-славль-Залесский. (Примеч. автора.)

разу сходить на добычу. Теперь иное дело; дай только дождаться сюда литовцев; мы порастрясем их карманы.

- Какие у польской голытьбы карманы, когда у ней надеть нечего.

- Зато много грабленого золота. Бездельникам этим надо на нос зарубить, чтобы они не грабили божиих храмов, не обдирали бы риз со святых икон.

- Такое добро, земляк, никому впрок не пойдет.

- Кто живет день до вечера, тому какая забота, скоро ль подрастут рога у молодого месяца. Мне только душно сидеть сиднем за стенами, когда самые монахи дерутся. Я очень завидую товарищам, которые идут с нашим воеводою на подмогу к Троице[40]

- Кто же здесь останется воеводой?

- Кому быть, кроме старшего князя Ситцкого... Ему, кажись, на роду написано повелевать, - что твой орел, когда взглянет!

- Правда, земляк, правда. Ростом, и дородством, и поступью - всем взял. Я сам нехотя хватаюсь за шапку, когда с ним встречаюсь. Одно беда: про него ходят недобрые слухи. Зачем он братался с поляками? Зачем не видали его в рядах Шуйского? Худо, коли он не хотел заступиться за правое дело, а еще хуже, коли его в дело не приняли.

- Брат, не всякому слуху верь! Теперь и правда и клевета изверились пуще жидовского золота.

- Пусть оно так. Да ведь на наших-то глазах он даром живет здесь три года! Что делать удалому в глуши, когда Москва в плену, а святая Русь у погибели от самозваных царей и друзей незваных; когда измена и разбой рыщут из края в край; когда враги палят нивы и города, бесславят братьев и жен навек позорят имя русское?

- Ты разве не слыхал, что ему больно полюбилась Елена Ивановна, дочь воеводы?

- Да он-то пришел ли ей по нраву? Княжой дворецкий проговаривает, что барин в такую смуту не станет играть свадьбы, а уж коли быть не быть сговору, так разве с князь Михаилом, меньшим братом Ситцкого. Вот душа можно сказать, что ангельская. Красив, как утренняя звездочка, и от брата, как небо от земли, отличен. Кроток, сердце на устах, и ко всем приветлив, зато и любим всеми, от бояр до простолюдинов. В черный год не сидел он за печкой, а бился и проливал кровь за царя, и коли призван сюда, не ластится к красавицам, а смышляет, как защитить наш родимый Переславль. Дай-то бог, чтобы князь Михаила оставили у нас засадным воеводою!

---

[40] Воевода переславскпй Иван Васильевич Волынский был с своею дружиною для помощи Троицкой лавре в 1609 году. См. сказание об осаде Тр.-Серг. лавры, стр. 221. (Примеч. автора.).

Так судили о двух Ситцких многие умные горожане; но если Михаил привлекал к себе любовь добротою души, а уважение - своими заслугами и прямизною нрава, то Владимир исторгал у всех невольное внимание. Природа отметила чем-то необыкновенным его черты и речи. Его имени не спрашивали дважды. Взоры Владимира, облеченные в какую-то вещественность, ничтожили равно и улыбку любви, и привет участия, и вопрос любопытства. Они пе проникали, но пронзали душу. Он не бегал людей, но удалял их от себя. В хороводах с красавицами очи его, подобно кремню, сыпали искры и не загорались сами. Даже вино теряло над ним свою силу: ни лишнего слова, ни доверчивой ласки не вырывалось из неизменной груди Владимира. Правда, порой и его лицо разгоралось заревом душевного пожара, но это не были страсти людей; они неведомы были тем, кто замечал их, как образ заоблачной молнии, от которой виден блеск и не слышно грома.

Кто знает, любовь или гнев волновали его душу, когда лицо его то пылало кровью, то вновь тускнело, как булат? Кто знает, гордость ли воздымала так высоко его брови, презрение ли двигало уста? Высокие ль думы или тяжкое преступление провело морщины на челе? Иногда взор его сверкал огнем, но потухал столь мгновенно, что наблюдатель оставался в сомнении, видел ли он то или то ему показалось. Его жизнь, его страсти, его замыслы оставались неразрешенного загадкою.

III

Душная ночь налегла на холмы переславские; небо слилось в громовую тучу; смирно озеро в берегах своих. Изредка луч безмолвной зарницы вспыхивает и гаснет в темной глубине вод, обозначая в небосклоне главы церквей и башни города. При синих блестках ее видны тяжелые облака, без ветра надвигаемые. Тихо все и мертвенно, будто природа в тоске перед грозою.

Но кто же тот юноша, что в бурю и полночь пе ищет, а бежит крова? Взоры его с яростью обращаются к Переславлю, лицо пылает гневом и злобой. От быстрого хода черные кудри путника развеваются и длинные в серебряной оправе пистолеты, за пояс заткнутые, гремят о рукоять меча. Для чего ж пе спит он, когда все живое наслаждается покоем? Неужели грызения совести о прежнем злодействе или покушенье на новое подняло его с ложа?.. Но вот уже он, бросив прибрежную тропинку, далеко в бору дремучем. Привычной стопой пробегает поляны - и глубже в лес, и лес от часу диче и чаще. Сухие иглы хрустят под ногами; иссохшие ветви цепляются в волосы; тлеющие пни заграждают путь; но путник с сердцем ломает и рвет упрямые сучья, смело прыгает через рогатые трупы сосен, и все уступает дерзкому, и он близок уже к заповедному холму.

Там, повествовало суеверное предание, более века тому назад убит был молниею колдун, когда он с помощию ада вынимал заговоренный клад. Без веры изжил он век, без раскаянья сгиб, без молитвы погребли его, но земля с ужасом приняла в свои недра неотпетого грешника; с тех пор адские духи стали слетаться пад могилой их любимца. Каждую полночь, по словам удалых охотников, слышны там плеск крыл, хохот и свисты. Синие огоньки летают по воздуху, мелькают ужасные привидения, и волшебник с кровавыми устами бродит кругом и манит заблудшего путника. У смельчаков навертывались холодные слезы от ужаса, на посиделках, от сих шепотных рассказов; девушки вздрагивали при малейшем скрыне окошщцы, при нечаянном треске лучины, и дети с трепетом жались к груди матерей. Давно заглохла тропа на холм могильный, и ни топор дровосека, ни стрела звероловца, ни взор, ни ветер не проникали в эту дебрь, загражденную страхом.

И вот уже проник он до поляны, венчающей холм; уже занес ногу, чтобы ступить на нее, когда долетел до него благовест, зовущий монахов ко всенощной. Холодный пот проступил на челе отчаянного: медь прозвучала ему совестью. Он вспомнил, как радостен был для него благовест Христовой заутрени в подобный час полуночи... Все прежнее обновилось: беспечность прежней невинности и вера отцов, теплая вера юности, теперь им забытая. Тогда душа его была как голубь - теперь стала чернее ворона... Но мимолетны благие мысли в сердцах, закаленных в буйстве и гордости, в сердцах, вечно укоряющих судьбу, а не себя - ц мщение, ненависть, ревность закипели вновь сильней прежнего.

- Нет, не мне ворочаться! - вскричал Владимир, ступая на поляну. Тому ли страшиться ада, у кого ад в душе?

При озарении молний ои видит обрушенный и мохом покрытый крест; на траве, будто истоптанной палящими стопами, лежал чей-то череп. Где-где между седых полуистлевших елей трепетала робкая осина - дерево казни предателя. Пещерою склонилось небо над сею забытою поляной, и тихо в ней, как в могиле.

- Пора, - сказал Владимир и стал творить суеверные заклинания, трижды обратившись против солнца и за каждым разом повторяя призвание злого духа. - Явись мне, искуситель рода человеческого, - восклицал он, - стань передо мной лицом к лицу; я не кроюсь за кругами, начертанными мертвою рукой[41]; я без боязни увижу тебя, как предаюсь тебе без завета. Приди на помощь того, кто служил аду, служа себе

---

[41] Все описываемые здесь обряды принадлежат еще доселе к суевериям простого народа. (Примеч. автора.)

самому; дай, хотя на час, потор-жествовать над теми, кого ненавижу, и повладеть теми, кого люблю! Будь товарищем моих замыслов, чтобы вечно, вечно быть моим властелином; явись - я поклонник твой, за страшную, за ужасную плату!.. Я отрекаюсь всего, до сих пор мне святого и драгоценного; как этот череп, попираю ногами все человеческое; как этот пояс, разрываю связь с родством... Враг всего высокого и благородного, явись! Тебя призывает человек, который бы мог быть ангелом и который хочет стать злым духом, который меняет райское спокойствие на власть ада - продает вечность за миг... Явись, явись!

Дикий отголосок вторил его кликам опять и опять, и притихший бор, казалось, с ужасом внимал голосу отступника. Подул ветерок, листья залепетали - и у грешника занялся дух. Он откинул рукою кудри с чела, чтобы прохладить его свежестью; по ветер палил его лицо, словно дыхание ада. Снова все тихо. Но вот загорелся огонек в чаще леса; он ближе и ближе с шорохом ветвей... Взор и слух призывателя настороже, и дыбом волос его, и леденеет в нем сердце; по вот двоится огонь - и щелкание зубов уверяет его, что то светят глаза хищного волка. С каждым мигом растет нетерпение юноши, и, накопец, бешенство овладело им.

- Ты нейдешь, робкий злотворитель! Ты боишься грозы небес; тебя пугает голос бесстрашного, как пение петуха. Ты кажешься только детям и старухам, смущаешь только мирных отшельников, беседуешь с одними полоумными чародейками! Вооружен адскою злобою, ты не скинул с себя людской трусости. Или не думаешь ли, что с жертвою нет договора, что рано или поздно я твой? Нет, нет! я еще могу вырвать из когтей твоих свою душу; в ней довольно силы, чтобы, назло тебе, я мог изумить добродетелью добрых людей, как я радовал злых духов своими замыслами. Еще ли нет?.. Небо и ад меня отрипули!

В отчаянии, со скрежетом зубов, повергся он на землю. Гроза выла, сквозь ливень реяли молнии, и, наконец, дикий хохот раздался над его головою.

IV

Холодный трепет проник в кости Владимира от прикосновения чьей-то руки, упавшей к нему на плечо. Сердце его от прилива крови будто хотело разорвать грудь, но оп гордо приподнял голову, и, при блесках молний, открывающих небо и землю, изумленный взор его встретился с насмешливым взором приятеля его, Ивана Хворостинина, который в венгерском доломане стоял перед ним. Щеголя, со времен самозванца еще, носили тогда польское и венгерское одеяние.

- Безумец ты, Владимир, - говорил он ему сквозь смех, - неужели в наш век, когда люди перехитрили дьявола, ты хочешь обмануть его! Поздно, приятель, поздно. Черти уже не верят кровавым распискам и душевным закладам; да и что за прибыль бесу в душах наших теперь, коли даром проглотит нас ад пастью могилы. Я не узнаю тебя, князь, - ты ли это? Тебе ли верить в чертей, когда ты не веровал в божью правду?

- Так, Хворостинин, - я заслужил, чтобы сумасброды упрекали меня в безумии. Брани меня, смейся надо мною; я стыжусь даже тьмы, скрывающей стыд мой. Какого ада искал я вне себя, когда могу удружить недругам своим адом! У меня есть сила в теле и месть в душе; на свете есть еще огонь и железо.

- Есть и виселицы, Владимир. Смутное время и безземельное твое княжество не спасут зажигателя и убийцу от этой качели.

- Кто противостанет мне? Что меня остановит?

- Каждая пуля. Полно, князь, мерять силы своим гневом. Будь ты сам Полкан-богатырь, но горсть пороху - и ты прах.

- Низкая выдумка! Ты равняешь храброго с трусом, сильного с слабым; тобой побеждают без чести, от тебя гибнут без славы. Но у меня есть товарищи, друзья. Они станут за меня...

- Они бы спрятались за тебя в битве, но не пойдут за тобою в ссору. Послушай, Владимир, ты, кажется, довольно презираешь людей, чтобы разгадать, для чего к тебе вешались на шею многие земляки наши. Они думали видеть в тебе будущего воеводу и зятя богатого Волынского; обманулись, - и когда я выходил из Переславля, то уже слышал, как честили тебя горожане, как шумели брату твоему их заздравные клики. Думаешь, это не правда?

- Какая клевета черней этой правды? Да, я брошен в снедь бессильной злобе своей. Для чего мое негодование не дышит бурею! Для чего проклятия мои не могут летать и сжигать молниею; для чего этой рукой не могу я разорвать свод неба и обрушить его на головы врагов моих!..

- Славно, славно, князь! Ты беснуешься, будто кликуша[42] перед Херувимскою. Однако же мне, право, смешны вы, горячие головы. Вообразили себе, что целый свет должен глядеть вам в глаза и что природа для вас вертится на курьей ножке! К чему служат все эти заклинания и проклинания? Как ты ни горячись, а это не высушит наши платья; поедем-ка лучше поискать ночлега. Одна приязнь к тебе выманила меня следом за тобою в эту ночь, когда добрый хозяин не выгонит собаки за ворота, когда волки рады погреться на псарне. Ух! холод, и дождь, и гром, и ветер, будто светопреставленье. Едем, Владимир, кони за лесом...

- Нет, я хочу умереть здесь...

_____

[42] Так называют в просторечии одержимых бесом. (Примеч. автора.)

- Умереть, чтобы дать другим жить на просторе? Не лучше ль уморить кой-кого, чтобы самому пожить вволю?

Владимир не слышал его.

- Князь, я темный человек, но могу тебе пригодиться в некоторое времечко, и это время теперь: отчины твои промотаны, твоя слава двулична. В Москве ты имеешь врагов, а здесь друзей не нажил. Прекрасная Елена твоя полюбила другого, и с ее рукой воеводская булава отдана младшему твоему брату... Чего ж тебе ждать здесь? Каких еще обид доискиваться? Ситцкий, я тянул с тобой одну лямку и чарку; я знаю, я ценю тебя; я вижу, как высоко стоишь ты над другими умом и как низко брошен судьбою. Я грыз зубы, когда князь Иван поверил неопытному юноше город и засаду. Вот хваленое беспристрастие! Да и где нынче найдешь правду на Руси? Сердце разрывается с досады за всех, а за тебя всех более. Родина отвергла, презрела тебя, чего ж медлить? Волынский уже не воротится, а литовцы в пятидесяти верстах, под начальством удалого Лисовского, который с русскими и казаками идет к Сапеге. Нам не первоучинка дружиться с panami dobrodziejami[43], и Лисовский примет тебя - чуб до земли... и через два дни Переславль наш, и Елена твоя, и пошла потеха! Опять удалая жизнь, наезды, добыча. Опять звон сабель и кубков; снова гром и дым, пепел, кровь - и песни красных девушек. Князь, решайся!

С содроганием, расширив глаза, слушал Владимир слова предателя. Сомнительно прикоснулся он к груди его, чтобы увериться, человек ли говорил такие речи.

- Злодей! - наконец вскричал он, - ты, ты-то и есть нечистый дух... Русский ли предлагал русскому изменить отчизне, предать свою родину!

- Не сегодня, так завтра она и без нас погибнет, а мы, не спасши ее, потеряем себя даром. Да и одни ли мы предадимся полякам? А ведь на людях и смерть краспа.

- Но презрение добрых людей! но проклятия потомства!

- Потомки если не оправдают, то извинят нас обстоятельствами; а из людского мпения не шубу шить; да и где эти добрые люди? Кто ныне прав, кто виноват? Одни бьются за Шуйского, другие целуют крест Владиславу; кто же и нам не велит кричать громче всякого: "За матушку за Россию, за царя за Димитрия!"

- Нет, нет!

- Нет?.. Так оставайся же в пыли, хвастливое дитя, - я не хочу долее терять слов с человеком, который мечтает перевернуть свет и не может переломить вздорного предрассудка; который дышит братоубийством и страшится измены; который все хочет и ничего не смеет!.. Поди, кланяйся

---

[43] Паны-добродетели (полъск.)

тем, которые за счастье должны бы считать подержать твое стремя; грызи украдкою, как мышь, каблуки презирающих тебя врагов; ступай на вести к своему меньшому брату, жди подачки с его стола... добивайся в дружки к той, которой ты можешь быть мужем; осыпай молодых приветливо хмелем, когда бы ты хотел задавить их под проклятиями; считай чужие поцелуи, нянчи будущих детей братниных...

- Этого я не стерплю никогда!..

- Ты не стерпишь? И, брат Владимир, - терпение славная вещь... с ним и с покровительством брата ты можешь под старость выслужить даже угол в богадельне. Прощай, Ситцкий, спасибо за урок. Ты показал мне, что пустые сердца звучат громко, что есть заячьи сердца в грудях орлиных...

Бешенство, ревность, месть пылали в Ситцком; они одолевали совесть. Взошло солнце, и, по сказкам раппих косцов, они видели двух незнакомых всадников, закутанных в охабни, которые торопливо ехали по Владимирской дороге.

V

Зарево от пылающего монастыря Даниила Столпника бросало кровавый отблеск на озеро, и берега его вторили кликам военным. Лисовский облег уже Переславль, уже отбил вылазку Михаила Ситцкого. Стычка только что кончилась, выстрелы смолкли; но облако дыма и пыли неслось еще над стенами города, где мелькали огни и оружия, слышались приказы, стук топоров и плач жен. Другая картина представлялась под стенами: ниспадающая ночь мешала видеть объем стана осаждающих; но как они не слишком боялись недальнострельных орудий города, то очень близко притиснули свои передовые отводы к тенистому рву. Со стен сквозь мрак видно было, что всадники расседлывают коней, иные вываживают их, напевая песни; другие, насвистывая, поят их у озера. Пешие отирают брони и строят шалаши из ветвей. Там делят корм, там - добычу. Треща, разгораются огоньки и здесь, и тут, и повсюду; котлы бьют пеной, и вот собираются воины в артели; вот пошли шутки и хохот, крик и пенье. Никто не жалеет о павшем, никто не думает о себе - все беззаботно веселятся после и перед битвой. Они пируют на свадьбе смерти, как на именинах у друга.

Чудна и пестра была смесь народов, составлявших хоругвь Лисовского. Польская шляхта, своевольно наехавшая на Русь, служить себе, без воли сейма и против воли короля. Они гордо похаживают, крутя усы и отбрасывая назад рукава своих контушей, клянясь и хвастая ежеминутно.

Казаки косо поглядывают на союзников, лениво дымя трубками, и часто сабли их крестятся с польскими, хотя к их знаменам, для добычи и славы, привязали они переметную дружбу свою. Полудикие литовцы, приведенные панами на разбой и на убой, бесстрашно сидят или спят вкруг огней. Наконец изменники русские; иные из привычки к мятежу и бездомью, другие алкая корысти, третьи из надежды воротить грабежом у них отнятое передались к гультаям польским. Роскошь и бедность вместе разительно виделись в стане. Инде ходил часовой с заржавленным бердышом, в рубище, но в золоченом шишаке; другой в бархатном кафтане, но полубос; здесь поят коня серебряным ковшом, а там на дорогом скакуне лежит вместо седла циновка. Штофный занавес, вздетый на копье, завешивает из бурки, сделанную ставку какого-нибудь хорунжего, который нежится на медвежьей полости, склоня голову на седло. Здесь бобровое одеяло кинуто на грязной соломе. Все это было странно и дико, но все кипело жизнью и силою. Везде говор и ржание коней, звук и блеск оружий во мраке.

Перед ставкою у огня лежал на ковре Лисовский и с ним двое изменников, Хворостинин и Ситцкий. Крепкий склад и суровое, загорелое лицо показывали в Лисовском обстрелянного воина, а быстрые глаза и думные на челе морщины опытного вождя. Беззаботная голова Хворостинин уже спал беспробудно, утомленный сечею и вином, как это видно было по окровавленной сабле его и опрокинутому в головах кубку.

- Пей, товарищ, пей, - говорил Владимиру наездник Лисовский, напенивая стопы. - Смой усталость битвы, освежи твое грустное сердце радостными слезами винограда! Посмотри, как кипит и в жемчужистой пене скрывает румянец свой это некупленное вино. Оно дышит какою-то благовонного прохладой; оно недаром таило свой жар в ледниках дворцовских, чтобы отводить тоску царей... Товарищ! пей, оно и твою утолит!

- Нет, Лисовский, нет. Злодейка тоска всплывает наверх, и вино подливает пламень в кровь, и без того кипучую. Я видел, как это вино лилось морем на столах Годунова и Димитрия. Я видел вблизи их обоих, - и верь: оно не смывало кручины с чела, стиснутого венцом и... есть неизлечимые раны, есть неусыпающие мысли, которых никто, ничто в свете не в силах вырвать из размученной ими души!

Так говорил Владимир в тоске глубокой и непритворной. Уста его, еще покрытые пылью, трепетали, и на лицо, обрызганное кровью, проступало мучение души.

Тронутый Лисовский задумчиво пил из стопы своей; соучастие отозвалось в жестоком его сердце. Так-то и в самых неприступных башнях есть тайники сокровенные, но проходимые. Правда, не вдруг сошлись эти

90

два характера: властолюбие вождя взрывало Ситцкого; вождю не нравилась в Ситцком непокорность. Но в первом страсти сердца, умеренные войною и честолюбием, любили припоминать в другом свою когда-то неукротимую волю; а Ситцкого пленяла откровенность поляка. В верности русских изменников уверился Лисовский на деле; они русскою кровью смыли с себя имя русских, а Владимиру нужно было высказать свои чувства тому, кто мог бы их почувствовать. Притом оба они были пламенны; наречие обоих, как восточная ткань, пестрело какими-то чудными цветами, - и вот Лисовский, гроза России, славный потом в Германии наездничеством за веру, сдружился с изменником, который навел его на свою родину. Не знаю, искренна или корыстна была дружба сия, но они стали неразлучны. Так два нагорных потока, встретясь, кипят и спорят, и с ревом, неодоленные оба, сливают волны свои, и несутся одною дорогой.

Молча подал Лисовский руку Владимиру и крепко, выразительно сжал ее.

- Лисовский, - сказал тогда Владимир, - вижу, что вопрос, внушенный дружбою, летает на устах твоих, - я предупрежу его. Да и для чего не облегчить мне сердца, раздавленного тайною скорбию! Наружность винит меня более, чем обвинит признанье, и ты можешь понять меня! Слушай!

Здесь повила меня жизнь, но путевое седло было моей колыбелью, и я как сквозь сон помню себя в стане военном, и гром, и кровь, и пламя кругом меня. Это, как узнал я после, было при взятии шведами городка Падиса в Чудской земле. Там сидел бесстрашный старец Данило Чихачев[44] и, отвергнув переговоры, пал последний на трупах своих ратников, на вверенной ему стене. Отец мой, бывший там подвоеводчиком, раненый, избежав побоища, спас меня и мать мою. Это кровавое зрелище потрясло мою трехлетнюю душу и впечатлело в ней буйные, неутолимые страсти. Отца я не помню, - он умер вскоре после похода, а мать забыла меня для меньшого брата. Как буря по степи пронеслась моя молодость, и даже в детстве я не знал иной радости, кроме покоя. Я чуждался своих сверстников, мне казались жалкими их игрушки; моею забавою было то, что и самых юношей пугало: бешеные кони, звериная ловля, и мрак ночей, и непогодное озеро. Я наслаждался опасностями, и мое первое презренье было к тем, кто их боялся. Скоро порода и красота призвали меня в рынды к двору Феодора, и я равнодушно оставил за собой эту родину: тогда райская птичка надежда летела передо мной и манила вперед своими блестящими крыльями. Сначала сияние двора ослепило меня, - но тем черней показалась чернота его после. Я увидел во всех

---

[44] Это точно случилось в 1580 году. Спасся только один Михаил Ситцкий. См. "Ист. гос. Росс", том IX, стр. 315. (Примеч. автора.)

обман и во всех подо-зренье, зеркальные лица и ничем не подвижные сердца, лесть, которой никто не верил и каждый требовал, умничанье безумия и чванство ничтожества! Я чувствовал, как уменьшалась душа моя в кругу людей, которых греет улыбка любимцев более, чем заемная шуба[45], которые не могут жить без низостей, ни к чему не нужных! С каждым днем опостывал мне двор... Я вырывался из душных палат кремлевских, чтоб подышать отзывным мне ветром и бурею, чтобы выместить на зверях, свою ненависть к людям. Однако ж, по какой-то пагубной привычке, я не мог жить вовсе без людей, с которыми не мог ужиться. Такова-то цепь общества: снять ее мы не в силах, а разорвать не решимся. Наступил на престол и Годунов, годы влеклись, и только изредка моя душа порывалась к чему-то сильному, к чему-то грозному, - и, наконец, труба мятежа пробудила ее. Как ворон, встрепенулся я, послышав кровь, и радостно полетел к Новугороду-Северскому[46]. С кем и за что сражаться - не было мне нужды; лишь бы губить и разрушать. Эта забава стала мне целью, эта цель - моею наградой. Душа освежалась в пылу битвы; я оживал тою жизнию, что отнимал у других, - но кто лучше Лисовского может оценить наслаждение отваги и упоенье победы.

Ты знаешь, это длилось недолго; наши московские сид-пи признали Димитрия, и я со вздохом опустил меч и, увлеченный всеми, въехал в свите нового царя в столицу. Нечего было делать - пришлось нянчить царских соколов, чтобы заполевать, при случае, воеводство. Я сошел в круг людей, презираемых мною, но необходимых мне, чтобы из него возвыситься. Лишняя горсть золотой пыли в глаза, лишняя дюжина блесток на платье, венгерское вино и арабские лошади - и легкомысленные твои соотечественники стали моими приятелями. Вместе рыскали мы по улицам Москвы, топтали народ и увозили красавиц. Это напоминало мне жизнь наездническую; в буйстве я дышал веселее; я уже был накануне исполнения моих желаний, - но кто бывал в будущем! На одной пирушке молодой Ос-солинский обидел меня, и вельможная голова слетела в прах. Я бежал, бежал не смерти, а позора, и родина приняла меня под кров свой, - но как? Подобно дереву, которое манит в сень свою путника на отдохновенье и наводит на него громовую стрелу!

Въезжая сюда, я как будто вновь народился. Воспоминанием прежней невинности усыпилось мое мятежное сердце, как дитя колыбельною песнею. Здесь все было так тихо и приветливо!.. Родителей моих уже не

---

[45] Тогда при дворе для праздников и приемов выдавались боярам дворцовские богатые шубы и кафтаны. (Примеч. автора.)

[46] Под Новгородом-Северским встретил самозванец неожиданный и сильный отпор, покуда воевода Басманов, сей отважный изменник, не передался на его сторону (1604, в ноябре). (Примеч. автора.)

было на свете, но я нашел в воеводе Волынском, опекуне моем, второго отца; у него-то познакомился я с прелестною его дочерью Еленой и... признаюсь тебе, Лисовский, полюбил ее душой; неведомое мне чувство какого-то небесного покоя пролилось в грудь ее взорами. Сердце мое стало как переполненная сладким напитком чаша, любовь к ней проливалась на все меня окружающее. Я узнал тогда радость доброты и потребность дружества; весь божий свет стал для меня красен впервые. Как сладко потекли мои дни, как тихи и чисты были сны мои! Теперь я только помню, что это было; но понять, но почувствовать это снова я уже не могу. Чего бы не сделал, чего бы не отдал я, чтоб воротить себе эту внимательную рассеянность при милой, эту нетерпеливую тоску без нее, эту безжелчную досаду за безделицы, этот восторг за ласки! Три года протекли как одно майское утро; она росла и развивалась в глазах моих, и я забыл для нее битву и славу и поляков и русских. Димитрия свергли вслед за моим бегством. Его замыслы, власть и жизнь рассеяны были вместе с его прахом пушечным выстрелом... И это было настоящее изображение его царствования: гром и дым - и прах на ветре!.. Прочие московские дела ты знаешь... Но я не хотел тогда знать - и желал бы позабыть; я сидел здесь, очарованный ею, и как прелестна тогда была она! Как искренна была со мною!.. С какою нежною заботливостию спешила рассеять грусть мою, с какою детскою резвостию веселилась, когда я был весел. Лисовский! трудно поверить и тяжело, стыдно вспомнить, как я, гордый и неуклонный, был тогда искателен перед нею; сколько похвал и угодничества расточал ей; как по целым часам, не сводя с нее взоров, впивал ими обаяние красоты; только о ней думал наяву, только об ней грезил во сне... Да... я не знаю средины и границ в страстях моих: ненавижу до неистовства, люблю до упоенья! Но не всем на счастье создана любовь. Смотри, как павшая роса оживляет былие, но она снедает ржавчиною булат моей сабли, - и, как эта персидская сабля, долженствовала моя любовь рассечь все препоны или разбиться вдребезги. Моя душа, полная страсти, подобилась громовой туче, блистающей лучами солнца; но одно противное облако, одна искра - и кто осмелится играть с перупом!.. Это мгновенье настало. Меньшой брат мой, Михаил, приехал, за полгода, сюда, и скоро я не мог не возненавидеть того, которого должен был любить. Я молчал... он таился, по уже взаимная их любовь перестала быть тайною, и я узнал муки ревности, я спознался с адом злобы. Свежие щеки, томные глаза, красные речи Михаила полонили ее сердце, - да и какое женское сердце не выбирает друга по себе?.. Оно бессильно отвечать, их ум не может понять сильной любви нашей. Они охотно внимают странным речам страсти, как иноземной песне, ласкающей слух и не понятной душе! Только лепетаньем, только детскими игрушками привлечено их внимание.

Но не одну любовь Елены похитил у меня Михаил, любовь, с которой слит был покой души, стало быть счастие жизни! Нет! Он вонзил мне в грудь двойное острие. Волынский удалялся; мне по старшинству и по опыту следовало принять воеводство. Лучшие граждане обещали избрать меня, если б даже и Волынский воспротивился. Все было готово... Я решился пересилить силу, думал несомненно получить если не взаимность, то руку Елены; сватаюсь... и что ж? Я вдруг узнаю, что происками брата ему достается моя суженая, и ей в приданое - воеводство... И в целом городе ни один голос за меня пе послышался. Как лютый зверь, тогда вспрыгалось мое сердце; не знаю, как не сошел я с ума от бешенства. Остальное тебе известно. Люди, ад, все изменило мне - и я твой товарищ. И ты видел, каково мстил я коварным! Одной мести жажду я... У меня нет другого чувства; я уже сорвал с сердца терновый венок любови. Но клянусь всем, что было для меня свято, что теперь для меня дорого: Елена, живая или мертвая, будет в моих объятиях. Хочу насмеяться ее мучениями, когда она презрела мои, хочу, чтобы она век не смыла своими слезами кровь своего возлюбленного. Называй это ребячеством, прихотью, раздражением мелкого самолюбия и честолюбия; смейся над этим как хочешь но она будет моя. В том моя цель, в том мое желание... да и не лучше ли слушаться своей воли, чем век повиноваться чужой! А брата... злодея брата... Слышал ли ты ответ мой на его письмо, недавно ко мне на стреле перекинутое! "Источу из тебя кровь, - отвечал я ему, - чтобы разорвать последние узы, которые пас соединяют, а меня гнетут; пеплом пожара посыплю главу Переславля, который меня отвергнул, - и если суждено мне погибнуть, то и врагов повлеку с собой в бездну!.."

Скоро сон сомкнул очи Лисовского и уста Владимира. Но страшными сновидениями перерывалась его тяжелая дремота. Тише и тише кипела кровь, воспаленная гневом... Волнение уходилось, и предрассветный ветерок обвеял свежестью его чувства. И вот чудится Владимиру шелест шагов; кто-то, наклонившись над ним, шепчет в ухо: "Владимир!.." - и он, трепеща, полусонный, хватается за пистолет и, поднявшись на руку, стремит изумленные взоры на пришельца; перед ним молодой казак стоит в сиянии месяца... нерешительно снимает он шапку свою, и длинные волосы распадаются по плечам, замирающий знакомый голос повторяет: "Владимир!" Это - Елена!

- Не дивись, Владимир, - говорила она, - что, отки-пув девичью робость и стыдливость, я пришла к тебе сквозь все опасности. Долго любя тебя как брата и теперь любя брата твоего более себя, я была поражена твоей нежданною переменой; меня измучила мысль, что я тому виною; я решилась за то дерзнуть на все, пожертвовать собою для спасения родины, для спасения твоей славы, твоей души. Так, Владимир!.. Я буду твоею, я

94

постараюсь сделать тебя счастливым, я научусь любить тебя, - но будь же достоин моей любви и уважения всех - покинь это гнездо отступников; твой пример повлечет за собою тысячи русских изменников, твоя храбрость спасет Переславль, твое раскаяние загладит мгновенную измену. Сам бог прощает кающемуся грешнику, и благословение на земле и спасение в небе - ждут тебя. Брат отдает тебе все, что ты хочешь; я - все, что могу... Как награды, как милости прошу: возвратись! Сжалься над моими слезами... умились моими молениями!

- Нет! ангельская душа! - вскричал тронутый Владимир, - я не продаю ни добрых, ни злых дел моих; ты останешься невестою Михаила - и я снова слуга родине! Елена, ты победила меня, - идем!..

И вдруг сердце пронзающий звук трубы загремел в стане - и Владимир проснулся!.. Лисовский уже в броне стоял перед ним и будил его.

- Пора, Ситцкий, пора! - говорил он. - Заря занимается, и все готово: ты поведешь казаков на приступ от озера, я с лодками нагряну от Трубежа... Огонь в стены - и город наш!

- Неужели это был сон?! - вскричал, озираясь, обманутый мечтою Владимир. - Сон, злобный сон! Так-то все доброе, все прекрасное в свете один рассказ, одно пустое сновидение; только во сне готовы люди на великое и благородное. Пусть же судьба влечет меня к злодейству - я опережу ее, и чем невозвратнее мне дорога, тем беспощаднее буду! На коней, вперед! Горе осажденным!

Свет чуть брезжил. Толпы двинулись молча и не стреляя; но роковое пали! с вала было смертным приговором для многих. Как чугунные змеи, таясь в траве, пушки вдруг разинули пасть свою, небо вспыхнуло, и град смерти, свистя, запрыгал между рядами. "Скорей, скорей, - раздалось отовсюду, - сходи ко рву, бросай вязни, рви и руби частоколы!" Поляки устремились вперед по набросанной в ров гребле; но стенные дробовики не умолкали, ядра пронизывали ряды наступающих, и вода поглощала скользящих и раненых. Толпа остановилась.

- Вперед, за мной! - воскликнул Владимир и, надвинув на брови шлем, кинулся к другому берегу. С гиком и воплем посыпали за ним казаки, и он уже впереди всех, с саблею в зубах, с пистолетом в руке, уже на лестнице... Отряхая с себя камни и стрелы, уже схватясь за зубец, ступил он на стену,

- Стой! - загремело ему в слух. Пушечный выстрел осветил ратника, с которым столкнулся ои грудь к груди, - и что ж? Над ним сверкала сабля Михайлова. Ужасное мгновение! Бледным от ярости, мелькнули им взоры друг друга, и смеркло все... Невольный трепет проник обоих. "Он изменник" - была первая мысль; но "он твой брат" - было первое чувство Михаила, и сабля замерла в руке. "Это враг мой", - мелькнуло в голове Владимира, - и пистолетный выстрел предупредил ниспадающую саблю.

Проколотый сам двумя копьями, упал он на труп умерщвленного им брата.

"Измена! Победа!" - раздалось от Трубежа, и затем клики грабежа и насилия огласили воздух.

Ночью двое поляков бродили по стене, ища на трупах добычи; они остановились над одним, чтобы снять с него дорогую испанскую кольчугу. Между тем целый день мук истощил силы Ситцкого; время катилось через него колесом пытки. Огнем палило солнце его раны и жаждою уста; слепни пили кровь его, а он не мог ни звуком, пи движением облегчить своих страданий. Исхлыпувшая сквозь раны кровь уступила место совести в сердце. "Злодей, говорила она, - ты пожертвовал всем своей прихоти, - и что ты теперь? Терзайся! Это еще легкий задаток вечных мук на том свете... Слышишь ли эти вопли? Это тебя отпевают проклятиями, и многие столетия распадутся в прах, покуда не сгибнет память предателя, заклейменная позором". Между тем пламя болезни спорило с смертным холодом о добыче, - и ужасная минута, которой жаждал и страшился желать Владимир, приблизилась. Чувства смешались и прекратились... Тяжелый вздох как будто хотел разорвать сердце...

- Это он, - сказал поляк своему товарищу, вглядываясь при свете луны в лицо умирающего, - это Ситцкий. Не зарыть ли нам его честно, Казимир? Он был отважный молодец; наш Лисовский уважал его.

- Уважал! Можно ли уважать изменника! Если почитать людей за одну отвагу, так поэтому все равно умирать на виселице с разбойником! Нет, брось его на рас-щипку воронам. Земля не примет того, кто ее предал!

- Стащим с него долой контуш, - он позорит польское платье!

- Нет, Ян, я ни за что не дотронусь до платья, обрызганного братнею кровью.

- О, не припоминай! Этот злодей в моих глазах застрелил брата... А тело его невесты нашли теперь в реке. От страха ли, от горя ль утопилась она или ее утопили - это неизвестно; но она хоть счастлива тем, что не видит бед своей отчизны... Да вот, гляди, лежит и брат его. Помоги мне, Казимир, вытащить из-под этого Каина его тело. Завидна смерть за родину, и честно будет погребенье храброму от храбрых!

Как голос трубы Страшного суда, пробудил сей разговор полумертвого Владимира. С содроганием открыл он глаза, затекшие кровью, - и первое, что представилось его взору, было бледное, укоряющее лицо убитого им брата, на груди которого лежал он... С этим взором выкатился свет из очей изменника.

ВЕЧЕР НА БИВУАКЕ

...Едва проглянет день,
Каждый по полю порхает,
Кивер зверски набекрень,
Ментик с вихрями играет.
Конь кипит под седоком,
Сабля свищет - враг валится,
Бой умолк - и вечерком
Снова ковшик шевелится.
Давыдов

Вдали изредка слышались выстрелы артиллерии, преследовавшей на левом фланге опрокинутого неприятеля, и вечернее небо вспыхивало от них зарницей. Необозримые огни, как звезды, зажглись по полю, и клики солдат, фуражиров, скрып колес, ржание коней одушевляли дымную картину военного стана. ***го гусарского полка эскадрону имени подполковника Мечина досталось на аванпосты. Вытянув цепь и приказав кормить лошадей через одну, офицеры расположились вкруг огонька пить чай. После авангардного дела, за круговою чашею, радостно потолковать нераненому о том о сем, похвалить отважных, посмеяться учтивости некоторых перед ядрами. Уже разговор наших аванпостных офицеров приметно редел, когда кирасирский поручик князь Ольский спрыгнул перед ними с коня.

- Здравствуйте, други.

- Добро пожаловать, князь! Насилу мы тебя к себе валучили; где пропадал?

- Спрашиваются ли такие вопросы? Обыкновенно, перед своим взводом, рубил, колол, побеждал, - однако и вы, гусары, сегодня доказали, что не на правом плече ментик носите; объявляю вам мою благодарность. Между прочим, вахмистр! прикажи выводить и покормить моего Донца: он сегодня ничего не кушал кроме порохового дыма.

- Послушайте-ка, ваше сиятельство...

- Мое сиятельство ничего не слышит и не слушает, покуда не выпьет глинтвейну, без которого ему ни светло, ни тепло; давайте скорее стакан!

- Изволь! - сказал ротмистр Струйский. - Но знай, что эта чара заветная: за нее ты должен приплатиться анекдотом.

- Хоть сотней! За ними дело не станет; я весь слеплен из анекдотов и расскажу вам один из самых свежих, со мной случившихся. За здоровье храбрых, товарищи!

Как-то недавно у нас не было дни в три ни крошки провианту. Кругом, по милости вашей и казацкой, стало чисто, как в моем кармане, а, на беду, тяжелую конницу фуражировать не пускают. Что делать? Голод тем более умножался, что во французской линии слышалось гармоническое мычанье быков, которое плачевным эхом раздавалось в пустом моем желудке. Рассуждая о суете мирской, лежал я, завернувшись буркою, и грыз сухарь, так заплесневелый, что над ним можно бы было учиться ботанике, так черствый, что его надо было провожать в горло шомполом. Вдруг блеснула во мне пресчастливая мысль. Сейчас же ногу в стремя - и марш.

"Куда, - спросили меня, - едешь ты на своей бешеной Бьютти?"

"Куда глаза глядят".

"Зачем?"

"Умереть или пообедать!" - отвечал я трагическим голосом, дал шпоры и, показывая вид, будто меня занесла лошадь, пустился птицею и скрылся из глаз изумленных моих товарищей. Они считали меня погибшим. Проскакав русскую цепь, я навязал на палаш платок, который в молодости своей бывал белым, и поехал рысью.

"Qui vive?" - раздалось с неприятельского пикета.

"Parlementaire russe!" - отвечал я.

"Haltela![47]"

Ко мне подъехал унтер-офицер с взведенным пистолетом.

"Зачем вы приехали?"

"Поговорить с начальником отряда".

"Для чего же без трубача?"

"Его убили".

Мне завязали глаза, повели пешего, и через три минуты я уже по обонянию угадал, что нахожусь подле офицерского шалаша. "Добрый знак! думал я. - Счастливый как тут к обеду". Снимают повязку - и я очутился в компании полковника и человек осьми конноегерских французских офицеров; малый я не застенчивый.

"Messieurs[48]! - сказал я им, поклонясь весьма развязно, - я не ел почти три дня и, зная, что у вас всего много, решился, по рыцарскому обычаю, положиться на великодушие неприятелей и ехать к вам на обед в гости. Твердо уверен, что французы не воспользуются этим и не захотят, чтобы я за шутку заплатил вольностью. Да и много ли выиграет Франция, если

---

[47] "Кто идет?" - "Русский парламентер". - "Остановитесь!" (Фр.)

[48] Господа! (фр.)

завладеет конным поручиком, которого все знания и действия очерчиваются концом палаша?"

Я не обманулся: французам моя выходка понравилась как нельзя больше. Они пропировали со мной до вечера, нагрузили съестным мой чемодан, и мы расстались друзьями, обещая при первой встрече раскроить друг другу голову от чистого сердца.

- Не из печатного ли это? - спросил, усмехаясь, штабс-ротмистр Ничтович, который слыл в полку за великого критика.

- Да хотя бы из печатного, - для тебя оно все-таки должно быть новостью! - отвечал Ольский.

- А после какого дела это случилось?

- После того самого, где ты ранен был в сапог. Штабс-ротмистр запил пилюлю и напрасно теребил усы, ища ответа на ответ: на этот раз остроумие его осеклось.

- Не расскажет ли нам чего-нибудь Лидин? - сказал подполковник, обращаясь к молодому офицеру, который в рассеянности курил давно погасшую трубку.

- Нет, подполковник! Мне нечего рассказывать. Мой роман занимателен для меня одного, потому что обилен только чувствами, а не приключениями. И признаюсь вам: теперь вы разрушили самый великолепный воздушный мой замок. Мне мечталось, что я за отличие уже произведен в штаб-офицеры, что я сорвал "Георгия" с неприятельской пушки, что я возвращаюсь в Москву, украшен ранами и славою; что троюродный мой дядя, который старее Дендерского Зодиака, умирает от радости, и я, богач, бросаюсь к ногам милой, несравненной Александрины!

- Мечтатель, мечтатель! - сказал Мечин. - Но кто не был им? кто больше меня веровал в верность и в любовь женскую? Я расскажу теперь случай моей жизни, который тебе, милый Лидин, может послужить уроком, если влюбленные могут учиться чужою опытностью, - для вас же примолвлю, друзья мои, что это будет история медальона, о котором я давно обещал вам рассказать. Послушайте!

Года за два до кампании княжна София S. привлекала к себе все сердца и лорнеты Петербурга: Невский бульвар кипел вздыхателями, когда она прогуливалась; бенефисы были удачны, если она приезжала в театр, и на балах надобно было тесниться, чтобы на нее взглянуть, не говорю уже танцевать с нею. Любопытство заставило меня узнать ее покороче; самолюбие подстрекнуло обратить на себя внимание Софии, а ее любезность, образованный ум и доброта сердца очаровали меня навсегда. Впрочем, говорят, и я верю, что любовь прилетает не иначе, как на крыльях надежды, - я недаром в княжну влюбился. Вы знаете, друзья, что природа влила в меня знойные страсти, которыми увлекаюсь в радости - до восторга, в досадах - до исступленья или отчаяния. Судите ж, каково было мое блаженство при замеченной взаимности! Я забредил идиллиями; мне вообразилось, что одинокая жизнь несносна, тем более что родители Софии смотрели на меня благосклонным взором. Со мною жил тогда первый мой друг, отставной майор Владов, человек с благородными правилами, с пылким характером, по с холодною головою. "Ты дурачишься, - не раз говорил он мне в ответ на мои восторги, - избирая невесту из блестящего круга. У отца княжны более долгов и прихотей, чем денег, а твоего именья ненадолго станет для женщины, привычной к роскоши. Ты скажешь: ее можно перевоспитать на свой образец, ей только семнадцать лет от роду; но зато сколько в ней предрассудков от воспитания! Все возможно с любовью! твердишь ты, но кто ж уверит тебя, что княжна вздыхает от любви, а не от узкого корсета, что опа глядит в глаза твои для тебя, а не для того, чтоб глядеться в них самой? Поверь мне, что в ту минуту, когда она так нежно рассуждает об умеренности, о счастии домашней жизни, мысли ее стремятся уже к дамскому току или к карете с белыми колесами, в которой блеснет она в Екатерингофе, или к новой шали, для показа которой тебя затаскают по скучным визитам. Друг! я знаю твое раздражительное от самых безделок сердце и в княжне вижу прелестную, прелюбезную женщину, но женщину, которая любит жить в свете и для света и едва ли пожертвует тебе котильоном, не только столичного жизнию, когда расчеты или долг службы позовут тебя в армию. За упреками настанет убийственное равнодушие, и тогда - прости, счастье!" Я смеялся его словам, однако ж изведывал наклонности Софии и каждый деиь "аходил в ней новые достоинства, и с каждым часом ,трасть моя возрастала. Между тем я пе спешил объяснением: мне хотелось, чтобы княжна любила во мне не мундир, не мазурку, не острые слова, но меня самого без всяких видов. Наконец я в том уверился и решился. Накануне предполагаемого сватовства я танцевал с княжною у графа Т. и был радостен как дитя, упоен надеждою и любовью. Один капитан, слывший тогда за образец моды, досадуя, что София не пошла с ним танцевать, позволил себе весьма нескромные на ее счет выражения, стоя за мною, и довольно громко. Кто осмеливается обидеть даму, тот возлагает на ее кавалера обязанность мстить за нее, хотя бы она вовсе не была ему знакома. Я вспыхнул и едва мог удержать себя до конца кадриля, услышав его остроты на счет княжны. Объяснение не замедлило. Г. капитан думал отыграться шутками, говорил, что он не помнит слов своих. "Но я, м. г.. по несчастию, имею очень счастливую память. Вы должны просить на коленях прощения у моей дамы, или завтра в десять часов волею и неволею увидитесь со мною на Охте". Вам известно, что я не охотник до

100

пробочных дуэлей: мы стрелялись на пяти шагах, и первый его выстрел, по жеребью, положил меня замертво. Какой-то испанский поэт, имени и отчества не упомню, сказал, что первый удар аптекарской иготи есть уже звон погребального колокола: пуля вылетела насквозь в соседстве легких; антонов огонь грозил сжечь сердце, но, вопреки Лесажу и Мольеру, я выздоровел, с помощию лекарей и пластырей, в полтора месяца.

Бледность лица очень мила, но чтобы не показаться княжне мертвецом, я умерил на несколько дней свое нетерпенье и, уже оправясь, полетел верхом к князю на дачу. Сердце мое билось новою жизнию: я мечтал о радостной встрече моей с Софиею, о ее смущенье, об объяснении, о супружестве, о первом дне его... Полный восторгов надежды, взбегаю на лестницу, в переднюю залу, громкий смех княжны в гостиной поражает слух мой. Признаюсь, это меня огорчило. Как! та София, которая грустила, если не видала меня два дни, веселится теперь, когда я за нее слег в смертную постелю! Я приостановился у зеркала: послышалось, будто упоминают мое имя, говорят о Дон-Кишоте; вхожу - молодой офицер, скло-. нясь на спинку стула Софии, рассказывал ей что-то вполголоса и, как кажется, весьма дружески. Княжна нисколько не смутилась: спросила меня с холодной заботливостью о здоровье, обошлась со мной как с старым знакомцем, но, видимо, отдавала преимущество своему соседу: не хотела понимать ни взглядов, ни намеков моих о прежнем. Я не мог придумать, что это значит, не мог вообразить випы такой обыкновенной холодности - и напрасно искал в ее взорах столь милой досады, делающей сладостным примирение: в них не было уже ни искры, пи тени любви. Иногда она украдкою бросала на меня взгляды, но в них прочитал я одно любопытство. Гордость зажгла во мне кровь, ревность разорвала сердце. Я кипел, грыз себе губы и, боясь, чтобы чувства мои не вырвались речью, решился уехать. Не помню, где скакал я по полям и болотам, под проливным дождем; в полночь воротился я домой без шляпы, без памяти. "Жалею тебя! - сказал Владов, меня встречая. - И, прости укор дружбы, не предсказал ли я, что дом князя будет для тебя ящиком Пандоры? Однако ж на сильные болезни надобны сильные лекарства: читай". Он отдал мне свадебный билет - о помолвке княжны за моего соперника!.. Бешенство и месть, как молния, запалили: кровь мою. Я поклялся застрелить его по праву дуэли (за ним остался еще мой выстрел), чтобы коварная пе могла торжествовать с ним. Я решился высказать ей все, укорить ее... одним словом, я неистовствовал. Знаете ли вы, друзья мои, что такое жажда крови и мести? Я испытал ее в эту ужаснейшую ночь! В тиши слышно было кипение крови в моих жилах, - она то душила сердце приливом, то остывала как лед. Мне беспрестанно мечтались: гром пистолета, огонь, кровь и трупы. Едва перед утром забылся я тяжким сном. Ординарец военного министра разбудил меня: "Ваше благородие, пожалуйте к генералу!" Я вскочил с мыслию, что, верно, зовут меня насчет дуэли. Являюсь. "Государь император, - сказал министр, - приказал выбрать надежного офицера, чтобы отвезти к генералу Кутузову, главнокомандующему южною армиею, важные депеши; я назначил вас, - спешите! Вот пакеты и прогоны. Секретарь запишет на подорожной час отъезда. Счастливого пути, г. курьер!" Тележка стояла у крыльца, и я очнулся уже на третьей станции; великодушный Владов ехал со мною. Тут-то изведал я, что дружество утешает, но не наполняет сердца, и дорога дальная, вопреки общему мнению, только разбила, но не рассеяла меня. Главнокомандующий принял меня отменно ласково и, наконец, уговорил остаться в действующей армии. Презрение к жизни довело меня до мысли о самоубийстве, но Владов своими советами и нежным участием тронул меня. Кто жить советует, всегда красноречив, и он спас мою совесть от двух убийств, мое имя - от насмешек. "Я знал все, - говорил он мне, - но не смел объявить тебе во время болезни. Видя, что открылась тайна, и зная твой бешеный нрав, я бросился к секретарю военного министра, моему приятелю, просил, умолял: тебя послали курьером. Время - лучший советник, и теперь признайся сам: стоит ли пороху твой противник? стоит ли шуму твоя любезная, избравшая в женихи человека без чести и правил, потому только, что он в тоне, что матушка ее заметила лишний против твоего нуль в звончатых титулах человека, который решился проиграть мне брильянтовый портрет своей невесты, ее подарок?" Он отдал тогда мне этот медальон.

Подполковник снял его с груди и показал офицерам.

- Пусть мне тупым кремнем отпилят голову, если я вижу тут что-нибудь! - вскричал Ольский. - Вся эмаль разбита вдребезги.

- Провидение, - продолжал подполковник, - сохранило меня от смерти на берегах Дуная, чтоб долее послужить отечеству: пуля сплюснулась на портрете Софии, но не пощадила его. Прошел год, и армия, по заключении мира с турками, двинулась наперерез Наполеону. Тоска и климат расстроили мое здоровье: я на месяц отпросился на Кавказ - искать целительных вод для здоровья, живой воды - для моего духа.

На другой день по приезде я пошел с тамошним доктором отправить визиты. "Вы увидите, - сказал доктор, когда мы приближались к одному домику, - молодую прекрасную особу, которая чахнет, быв жертвою брака по расчету. Родители напели ей о счастии пышности, а обиженное самолюбие завлекло ее в сети блестящего негодяя, и, обманутая минутною прихотью сердца, она кинулась в его объятия. Что ж вышло? Тетушки и матушка, искавшие в женихе богатства, нашли одно хвастовство, необъятные долги и разврат; он искал приданого и, обманутый обещаниями, в свою очередь оказался во всей черноте: измучил жену язвительными упреками, поведением вогнал ее в чахотку и наконец, проигравши и промотавши все, бросил ее, ославив в свете. Теперь она приехала сюда с отцом, умереть под теплым кавказским небом". Я боялся обеспокоить ее посещением. "О нет! - говорил доктор, - ведь чахоточные умирают на ногах, и я имею правилом: коротать рассеянностью время больных, когда лекарствами нельзя продлить их жизнь". Говоря таким образом, вошли мы в комнату. Это была София!..

Есть невыразимые чувства и сцены. Я думал, что ненавижу Софию; уверял себя, что, если судьба приведет мне с нею встретиться, я заплачу за измену холодным презрением; но я узнал, как много любил ее, когда, вместо гордой красавицы, увидел несчастную жертву света, с потухшими очами, с смертною бледностью лица. На краю гроба исчезают все приличия, и когда София пришла в чувство, рука ее была омочена моими слезами и поцелуями. "Вы не клянете меня? Виктор, ты меня прощаешь?.. - сказала она раздирающим сердце голосом. - Благородная душа... ты сожалеешь, видя меня, так жестоко наказанную за легкомыслие. Теперь я умру покойно". Жизнь, как тлеющая лампада, от дуновения вспыхнула в ней на несколько дней чем-то бывалым. Но каково было мне видеть .разрушение Софии, слышать, как постепенно сокращалось ее дыхание, чувствовать ее муки, переносимые с ангельским терпением!.. Она гасла - без ропота, обвиняя во всем себя одну. Друзья! друзья! я перенес много страданий, но ни одно мученье в мире не сравнится с мукою - видеть умирающую любезную; ужасно и вспомнить... София умерла на руках моих!

Подполковник не мог продолжать. Тронутые офицеры молчали, и даже с ресницы ротмистра скатилась слеза на ус и с него канула в серебряный стакан с глинтвейном. Вдруг послышался выстрел, другой, третий. Казаки с ведетов неслись мимо эскадрона.

- Что, много ли неприятелей? - спросил торопливо ротмистр, вспрыгнув иа своего Черкеса.

- Видимо-невидимо, ваше высокоблагородие! - отвечал урядник.

- Мундштучь, садись! - скомандовал подполковник. - Фланкеры! осмотреть пистолеты. Сабли вон! По три налево заезжай! Рысью! Марш!

ВТОРОЙ ВЕЧЕР НА БИВУАКЕ

Орудий заряженных строй
Стоял с готовыми громами;
Стрелки, припав к ним головами,
Дремали, и под их рукой
Фитиль курился роковой.
Жуковский

Эскадрон подполковника Мечина прикрывал две пушки главного пикета, расположенного на высотах***. Сырой туман стлался по окрестности, резкий ветер проницал насквозь. Офицеры лежали вкруг дымного огня. Конноартиллерийский поручик сидел на колесе орудия; подполковник, опершись на длинную саблю свою, стоял в задумчивости. Все молчали.

- Какое вещественное созданье человек! - начал штабс-ротмистр Ничтович. - Каждая игрушка его тешит, каждая безделица огорчает. Малейшая боль расстраивает нравственные способности, и перемена погоды действует на расположение его духа. Давно ли мы были веселы, пели, резвились; подул холодный ветер - и вместе с небом нахмурились наши брови, и говоруны сидят будто в Пифагоровой школе молчания.

- Не ручаюсь за других, - возразил Лидин, - но покуда старость и подагра не сделали из меня барометра, погода не имеет на меня никакого влияния. Когда я доволен, то, по мне, хоть трава не расти: снег, град, дождь, вьюга - все праздник. Но ежели грустно на сердце, то и светлый день досаден. Тогда кажется, будто все веселы назло мне, и я становлюсь прихотлив, как невеста.

- Следовательно, - сказал штабс-ротмистр, - погода действует на тебя в обратном порядке, но тем не менее влияние оной существует.

- Не думаю, - отвечал Лидии, - это чувство есть следствие внутренних, а не внешних ощущений, и до тех пор будет иметь место, покуда перевес останется на его стороне. Например, я люблю смотреть на играющую молнию, люблю слушать вой грозы и шум проливного дождя... но почему люблю я это?

- Потому что ты чудак, - перебил штабс-ротмистр. - Впрочем, как сам изъясняешься, ты любишь не испытывать, но только смотреть, только слушать бурю, как Вернетову картину или Моцартову ораторию.

- Прошу извинить, господин штабс-ротмистр, я люблю наслаждаться ею на чистом воздухе, в лесу, на горах. Но возвращаюсь к причине. Я люблю это по приятным воспоминаниям, которые родятся во мне от бури. Однажды, например... ах! для чего это было только однажды!..

- Для того, - перебил Ничтович, - что в Кургановой арифметике весьма замысловато сказано: единожды един - един, а не два.

Все засмеялись; но Лидин с улыбкою продолжал:

- Надеюсь, господин штабс-ротмистр простит мпе это восклицание: оно вырвалось из сердца, а сердце плохой арифметик.

- Не знаю, каково твое, - отвечал, смеючись, Ничтович, - но мое даже под ядрами так верно отсчитывает шестьдесят секунд в минуту, как патентовые часы.

- Во время сражения мне некогда бывало заниматься поверкою своего пульса, - хладнокровно заметил Лидин.

Это замечание задело за живое штабс-ротмистра; он уже с приметною досадою спросил:

- Конечно, ты за эскадроном в замке строил воздушные замки?

- Дурная игра слов, Ничтович! - сказал подполковник дружески, желая замять ссору, которая бы наверное кончилась саблями. - Пустая игра слов, да и предмет ее не слишком хороший. Вы подсмеиваетесь друг над другом насчет отваги; но я желаю знать, кто бы из всей армии осмелился подумать, не только сказать, что в нашем эскадроне есть кто-нибудь двусмысленной храбрости.

- Пусть мне французский флейтщик пред разводом выбреет усы, если это неправда! - вскричал ротмистр

Струйский, который, лежа на попоне, казалось, слушал только, как растет трава. - Вам грешно, господа, в нашей беззаветной беседе говорить колкости или обращать шутки в дело... Ну, други! мировую!.. А если ж вы не поцелуетесь, то ты, Лидии, не зови меня никогда в секунданты, а ты, Нилтович, вперед не узнаешь, длинны или коротки стремена на моем Черкесе, когда нужно будет понаездничать.

- Помилуй, Струйский, с чего ты взял, будто мы ссоримся! - сказал Ничтович, подавая Лидину руку.

- Ну полно, полно! - продолжал ротмистр. - Кто старое помянет, тому глаз вон.

- Я это всегда говорю своим заимодавцам, - сказал Лидии, но, уважая ротмистра, он сжал руку Ничто-вича.

- Надеюсь, однако ж, что анекдот, который начался таким романтическим восклицанием, им не кончился и Лидив. доскажет его друзьям своим? - сказал, Мечин.

- О, без сомнения, подполковник! Я так люблю говорить о милой Александрине, что очень рад случаю.

- Воля твоя, Лидии, - возразил подполковник, - ты сбиваешься в происшествиях. Сохраняя все уважение к даме твоего сердца, кажется, дело шло не об ней, а об ненастной погоде.

- Имейте немного терпения, господин подполковник, и оно приведет пас к тому же... Надобно вам знать, друзья мои, что, живучи в златоверхой Москве, влюбился я...

- Знаем, знаем в кого и у кого, как по формулярному списку, подхватил Ничтович, - благодаря твоей нежности я могу описать ее рост, лета и приметы, до последнего родимого пятнышка, как в зеркале. Ты нам об ней наговорил столько...

- Об ней можно говорить, может быть, слишком много, но довольно наговориться об ней нельзя. Ты не знаешь этого ангела, Ничтович, и потому скучаешь рассказом; но спроси у ротмистра, как она прелестна собою, как мила со всеми, как любит просвещение, словесность...

- Бьюсь об заклад, - вскричал Ничтович, - что она хвалила стишки, которые написал ты ей в альбом!

- Как умна, как чувствительна!..

- К теплу и холоду, - прибавил ротмистр, одувая фитиль, которым сбирался закурить свою трубку.

- Вы вечно шутите, Струйский; но что она любезна в самом деле, это больше всего доказывается верностию такого ветреника, каков я.

- Признаться, мудрено на бивуаках сыскать и случай для измены, промолвил ротмистр, - тем более что из женского пола здесь никого и ничего нет, кроме этой пушки.

- Это единорог, - заметил артиллерийский офицер.

- Тем еще безопаснее! - отвечал ротмистр.

- Но тем хуже, что вы не даете мне досказать моей повести.

Подполковник, шутя, возгласил: "Смирно!", и, по долгом смехе, Лидии продолжал:

- Я уже познакомился со всею роднёю Александри-ны: ласкался к матушке, ухаживал за отцом, хвалил собак и пристяжных братца, слушал роговую музыку дядей и, что всего несноснее, пересуды тетушек. Гостеприимство есть всегдашняя добродетель моих земляков, и, наконец, меня пригласили приехать к ним в подмосковную. Нужно ли сказывать, что я провел там день как в раю, что мне удалось говорить с нею наедине, что я был неловок и смешон в то время, будто юнкер, который не в форме попался своему генералу, что у меня, наконец, вырвались кой-какие намеки и что меня слушали благосклонно. Ввечеру надобно было ехать тем ранее, что они сами сбирались в город. Я раскланялся, со вздохом взлез на дрожки, и чрез минуту облако пыли скрыло от меня замок Армиды.

На дороге я завернул в деревню к приятелю. Через час выезжаю, и вообразите мое счастье: встречаю дормез, везомый шестью заслуженными конями, и в этом степенно колыхающемся дормезе - Александрину со всем причтом. Между тем небо оболоклось тучами, начал накрапывать дождик, и молния заиграла во всех углах горизонта. "В такую погоду ехать в карете выгоднее, чем на дрожках", - было первою моего мыслью; но быть вместе с нею, так близко подле нее, - вот что очаровало мое воображение до такой степени, что я бы отдал треть моей жизни за прокат в этом полинявшем дормезе. Но как залететь в него? Мы еще не так коротко знакомы, чтобы они могли меня пригласить, а приговориться к отому совестно. Однако ж попытаемся. Проезжая- мимо, я заговорил о грозе, о бешеных лошадях моих; но это не помогло; отец спросил только, с какого они завода, а мать пожелала мне счастливого пути. Препятствия поджигают желанья, и я решился на отважную выходку.

"Пошел по всем!"

"Я и то насилу держу коней, - отвечал мой кучер, - если их пустить, они растреплют нас".

"Пошел, - говорю я, - не рассуждать, а делать!" И с этим словом вся тройка подхватила бить, понеслась, - дрожки, звеня, запрыгали по кочкам и выбоям, вправо, влево, под гору и на повороте прямо на камень - крак! - ось пополам, колесо вдребезги, а я вместе с кучером отлетел сажени на три в ров.

К счастию, кучер вывихнул себе только нос, а я лишь крылышко помял, но лежал недвижим из притворства, чтоб сделать занимательнее сцену. Через две минуты открываю глаза - и вижу Александрину в обмороке от испугу; мать оттирает ее спиртом, а отец окуривает меня серными спичками. Одно меня тронуло, другое рассмешило. Скоро все пришло в порядок, и вот, после многих расспросов, приглашений и отговорок, я влезаю, охая, в карету, рассыпаюсь в благодарениях и внутренне радуюсь своей хитрости. И вот, наконец, я подле милой Александрины!.. У меня занялся дух. Темнело, дождь лил ливмя; карета, вследствие моего трактата об электричестве и опасности в грозу скоро ездить, двигалась шагом; отец и мать дремали и только при сильных ударах грома пробуждались - один, чтобы зевнуть, другая, чтоб испугаться. Александрина молчала, а я не смел говорить, потому что голос мой дрожал, как ненатянутая квинта; зато я не сводил глаз с прелестного лица своей соседки, ловил каждую черту, каждое выражение, каждый абрис его, исчезающий в темноте, каждый взор, когда молния облескивала внутренность кареты. Я вдыхал какую-то томную свежесть с щек ее, я слышал биение ее сердца, я чувствовал, как мое неровное дыхание колебало ее локоны. Друзья мои! я молод, но я жил, я чувствовал, я наслаждался; но никогда не испытывал высшего наслаждения, как в этот раз! Одним словом, когда есть счастие в жизни, - я был счастлив, потому что не имел никакого желания! Неужели, Ничтович, ты будешь спорить, что буря не может доставить удовольствия по воспоминаниям?

- Сушиться от дождика воспоминаниями или, что еще хуже, для них мокнуть - для меня столько же смешно, как уверение, будто скучать весело! Что касается до меня, не согретого пылким воображением, я бы променял теперь две дюжины золотых своих поминок на рюмку бургонского.

- Я вас беру на слове, штабс-ротмистр! - сказал артиллерийский офицер. - За вином дело не станет. Эй, фейерверкер! принеси сюда из зарядного ящика две бутылки, те, которые лежат в крышке на левой стороне.

- Да здравствует артиллерия! - воскликнул Струйский, отбивая саблею бутылочное горлышко. - Ну кто бы иной умудрился соединить в одно место и смертные снаряды и жизненные припасы? Теперь предлагаю тост за твою Александрину!

Лидин положил руку на сердце, высоко поднял стакан, по-рыцарски выпил его и разбил вдребезги о шпору.

- Прошу извинить, господа, что я разбил последний хрустальный стакан; теперь уже здоровье чужой красавицы не затускнит его, как в моем сердце не изгладится образ моей невесты!

Бургонское оживило зябнущих офицеров, донышко серебряного стакана сверкало вновь и вновь, и похвала вину не переставала.

- Какая тонкость! - говорил ротмистр, высасывая последнюю каплю.

- Какой букет! - сказал Ничтович, нюхая опорожненную бутылку.

- Вот, Лидин, такое благовонное воспоминание - приятно!

- Это вино, - сказал артиллерист, - доставляет мне еще приятнейшее воспоминание, которое делает честь великодушию женского пола, воспоминание, за которое едва не заплатил я жизнию. Если господам угодно будет послушать хоть краем уха, я расскажу, как это случилось.

Три дни тому назад я был послан фуражировать в окрестности Сен-Дизье. Неприятеля близко не чаяли, и потому мне дали только пять человек ездовых. Я отправился прямо в деревню Во-сюр-Блез, где уже два раза проходила и стояла наша рота и где жители принимали нас очень ласково. Братская привязанность привлекала меня к Генриете, дочери мэра; она премиленькое, преневинное созданье. Меня утешали ее детская откровенность, ее неизменно веселый нрав. Бывало, когда я задумаюсь, она резвилась вокруг меня и шутя разглаживала морщины на лбу моем.

"Развеселись, добрый русский!" - говорила опа, и я невольно улыбался ее приветливости и в ее светлых глазах искал - и находил - забвенье всего неприятного. Генриета выбежала и тогда меня встретить, играла с моею лошадью, пела, прыгала, как ребенок, и, наконец, унесла у меня саблю. Мэра, отца ее, не было дома. Послав за ним канонера, я велел остальным кормить коней и присматривать фуража, а сам пошел наверх, в обыкновенную свою комнату. Мне принесли вина, но я едва выпил стакан его, едва успел сесть на канапе, как глаза мои сомкнулись, голова упала, - я погрузился в глубокий сон. Не помню, долго ли спал я, утомленный переходами и двухдневною бессонницею; знаю только, что я пробудился от голоса, который называл меня по имени. Открываю глаза: Генриета, бледная, трепещущая, стояла надо мною.

"Беги, русский! - сказала она замирающим голосом. - Спасайся, или тебя убьют! Уже все готово... они собрались... твои солдаты заперты... Но я погибла, если узнают. Беги, умоляю тебя, беги!.."

И Генриета исчезла, как привидение. Русскому офицеру бежать! Нет, этого не будет! Я вскочил, кипя гневом, заткнул за портупею пистолеты и потихоньку сошел вниз. В зале слышались многие голоса... Прикладываю ухо: одни хотели убить нас, другие советовали отдать в плен своему отряду, который, по их словам, должен быть не-далеко.

"Чего вы боитесь, - говорил мэр, - отомстить смертью за гибель отцов ваших и братьев, погубленных русскими? И почему эти будут счастливее других, впадавших к нам в руки? Если вы не отделаетесь от этих, - эти проложат дорогу тысячам грабителей и ваши запасы, ваши драгоценности ненадолго скроются под кровлею церкви от их поисков. Впрочем, умертвить их необходимо для собственной безопасности, потому что одна смерть может ручаться за тайну; иначе они из самого плена накличут на нас мщение своих!"

Судите, каково мне было слушать этого оратора, но я, обрадованный открытием запасного их магазина, решился на все, только бы доставить роте фуража, тем скорее, что у нас такой был в нем недостаток, что солдаты кормили лошадей хлебом, которого и сами они не ели досыта. Вхожу... и если бы Копгревова ракета упала тогда между заговорщиками, то, верно бы, она перепугала их менее моего появления.

"Господин мэр, - сказал я, - какой-то шалун, вероятно ошибкою, запер в конюшне солдат моих, - прикажите их отомкнуть, да теперь же, сейчас, сию минуту!"

Грозящий взгляд, брошенный на безоружных храбрецов, и движение руки моей к пистолету уверили их, что я не шучу.

"Прошу вперед, без церемонии..." И вот между толпою зевак, в конвое ездовых моих я двинулся к церкви.

"Звонарь! отпирай; а вы, господа, возьмите свечки, проводите меня на чердак и подивитесь чутью русских".

Между тем я поставил двух рейтаров у входа, еще двух на разные дороги, с приказанием по первому выстрелу скакать одному в дивизионный штаб, другому в роту и объявить об опасности. С остальными взобрался я наверх. Представьте себе, что закромы насыпаны были овсом и житом до кровли; все лучшее имение поселян было снесено туда же. Куча сундуков, ящиков, парчей, золотых и серебряных вещиц; но что всего более поразило меня - это были русские ружья, кивера, уланские пики, сабли, каски, - вероятно, несчастных земляков наших, заплативших жизнию за неосторожность. Я содрогнулся, - по исследование было не у места. В это время поселяне, воображая, что мы станем грабить их драгоценности, взволновались, ударили в набатный колокол и с воплями окружили церковь. Крик "A bas les Russes! Mort aux brigands![49]" - вызвал меня на колокольню, и я насилу мог добиться, чтоб меня выслушали.

"Французы! - сказал я, - мы в вашей власти; но ваш пастор, ваш мэр - в моей, и они жизнию заплатят за малейшее насилие, да и мы четверо не даром продадим свою. Этого мало! Часовые мои дадут знать о том в армию, и мщение русских разразится над вашими головами. Я пришел не грабить ваше имущество, но взять немного овса и хлеба, за что государь наш заплатит по моей расписке. Отвечаю жизнию, что все до последнего волоса будет цело".

Это успокоило поселян. Я велел мэру приказать в полчаса доставить восемь подвод и, нагрузив на две оружия, чтобы не оставить им средства к вооружению, а на прочив шесть овса, хлеба и немного вина, отправил их под конвоем в роту. Проводив глазами обоз мой, я спустился с опасной кафедры своей, простился с ропщущими жителями и, поблагодарив поклоном великодушную Генриету, поскакал назад. Французы вошли в Во-сюр-Блез на наших хвостах...

- Кто идет?! - закричал часовой гусар на ближнем ведете. - Стой, или убью!

Ему тихо отвечали пароль и лозунг. Это был их поручик Волгин, ездивший осматривать цепь.

- Господин подполковник! пикеты и ведеты стоят исправно. У неприятеля движений никаких не видать.

- Нет ли чего нового? Не слышно ли об деле? - спросили Волгина вдруг все офицеры.

- Радуйтесь, господа, - отвечал поручик, не слезая с коня, - я привез к вам добрые вести. Наполеон уже в Сен-Дизье, и нашему маленькому корпусу достанется честь задержать всю армию, которая на нас опрокинется, покуда союзники идут на Париж. Говорят, у государя навернулись слезы, когда он простился с нами. Друзья! вряд ли нам выстоять живыми, зато об нас вспомнят в России и от нас поплачут во Франции.

- Слава богу, - сказал радостно подполковник.

---

[49] Долой русских! Смерть разбойникам! (Фр.)

110

- Будет где позвенеть саблями! - воскликнул Струй-ский. - Смотрите, господин артиллерист, не выдайте нас!

- Не бойтесь, ротмистр! - пылко отвечал артиллерийский офицер, - Мои канониры не раз дрались банниками и даром не сожгут зерна пороху. Только вы, когда у меня не станет картечь, поделитесь со мною подковами и пуговицами, - их много на ваших доломанах, а там будет довольно тепло, чтобы драться нараспашку. Впрочем, когда до того дойдет дело, я буду стрелять последними своими франками!

Офицеры шумели и радовались, будто накануне гулянья; забытый ими огонь спадал и только, вздуваемый ветром, сыпал искры и порою освещал дремлющих гусар, половину верхами, половину у ног коней.

- Отчего вы так грустны? - с участием спросил Лидин у подполковника, который неподвижно стоял, опершись на длинную саблю свою, ничего не видя и не слыша.

- Я неизлечимо болен воспоминаниями тяжких потерь моих, - отвечал он. - И теперь, добрый мой Лидин, мне казалось, будто я беседую с другом моим Владовым, и последнее наше свидание оживилось перед глазами моими. Это было перед Кацбахским сражением. Как теперь, дул холодный ветер от севера, как теперь, туман стлался в лощинах, и мы с Владовым, покрытые одною буркою, безмолвно лежали у огонька.

"Веришь ли ты предчувствию?" - спросил он меня.

Я улыбнулся.

"Друг мой, - продолжал Владов, - ты знаешь, суеверен ли я; ты видал, боюсь ли я смерти; но теперь какой-то неотступный голос твердит мне: "Ты будешь убит!,."

Голос, которым говорил Владов, навел на меня ужас...

"Впрочем, если это предчувствие не обманчиво, - я рад: жизнь истомила меня. Не удивляйся, Мечин, что друг твой, сбросив с себя покров шуточной философии, окажется теперь в мрачном своем виде. Я не хотел двоить тоски твоей своею; но теперь, на пороге смерти, открою тебе всю душу свою... Слушай: я любил - это еще не редкость; мне изменили, Мечин, - и это весьма обыкновенная вещь; но надобно было любить, как я, чтобы почувствовать, подобно мне, всю жестокость измены. Друг! я бы простил это неопытной девушке, которая при первом трепетании сердца, при первом румянце щек уверяет себя, будто она любит, - и глаза ее говорят то, что она когда-нибудь почувствует. Я бы мог простить это ветреной кокетке, которая из тщеславия, или для забавы, твердит каждому недурному собой: "люблю тебя!" Но могу ли извинить девушку, исполненную светлого ума, далекую от всех предрассудков, одаренную всеми качествами, всеми прелестями и душой, открытою для чувств возвышенных!.. Сходность мнений нас сблизила, пламень сердец и

111

мечтательность породили любовь. Я уже позабыл наречие любви и потому скажу просто: мы любились, мы разумели друг друга, нас одно радовало, одно огорчало... и не раз слышал я уверения, что она может быть счастливою только со мною. И этот идеал моей фантазии - пленился генеральскими эполетами, и, этот-то ангел на земле, она -имела столько коварства, чтобы скрывать это; имела решимость меня обманывать, и в то время, когда готовилась отдать мне руку, - сердце ее принадлежало уже другому. Друг! это опрокинуло мою нравствеппость; я безумствовал и с этих пор возненавидел женщин. И можно ли доверять им счастие жизни, когда их мнения, их желания, их страсти - основаны на прихоти? Для них сотворены моды, а не чувства; они умеют нравиться, но не любить; им незнакомо высокое ощущение - быть любимой человеком с благородным характером... С тех пор прошло много времени; бывало, иногда, я забывался сном надежды подле милой красавицы; бывало, какое-то сладостное чувство просыпалось вновь в груди моей, - но разум шептал: "Вспомни ее", и я отрывал от сердца льстивую мечту и, испуганный, бежал далеко-далеко, куда глаза глядят, покуда безнадежность вновь не охватывала сердце.

Я желал отдохнуть душою между людьми, к которым принес братскую доверенность и весь жар быть полезен им. И что же? Люди отравили остаток моего покоя. Одним словом, Мечин, кто испытал измену прелестной, может быть наилучшей из женщин, тот, верно, презирает и любовь и ненависть женщин; кому случалось часто видеть и разглядеть вблизи низость и ничтожество мужчин, тот, верно, потерял уважение к человечеству, - а без этого жить тяжело, несносно".

Наутро мы были в деле. Полк три раза ходил в атаку, но Владов остался невредим. Мой эскадрон между тем послали преследовать сбитого неприятеля. Возвращаясь к полку, я отстал от фронта, чтобы прямиком проехать в штаб с рапортом. Смотрю - подле дороги лежит рапе-ный гусарский офицер; я спешу к нему, - и что ж?.. Это Владов. Рядом с ним повержен был убитый копь его. Он сам, опершись на обломок сабли, глядел на кровь, которою исходил. Глаза его стали, лицо подерпу-лось смертною синевою. Мой вопль возбудил друга: он приподнял голову, улыбнулся, хотел подать мне окровавленную руку, но она упала как свинцовая.

"Друг! - сказал он тихо, - мое предчувствие сбылось - мое желание исполняется, я умираю..."

Он замолк; кровь проступала сквозь ментик, - я от ужаса и сожаления не мог промолвить слова.

"Смотри, - сказал он опять, - смотри, Мечин, как капля по капле источается во мне жизнь, как постепенно густеет и холодеет кровь моя; еще капля, еще минута - и меня не станет! Люди говорят, будто умирать тяжело; но прошедшее и будущее принадлежит не нам, а терять настоящее ужели мы не привыкли?.."

Он стихал, я плакал навзрыд; и мог ли не плакать я, когда мой ангел-утешитель, тот, который был для меня все на свете, покидал меня?

"Не плачь! - продолжал он, тяжко переводя дух. - Не жалей меня, потому что на земле я жалею только о дружбе. Я не умел жить, зато умею умереть..."

В это время я подложил ему под голову ташку свою, чтобы ему было покойнее... и глаза Владова засверкали, упав на вышитого орла.

МОРЕХОД НИКИТИН

Быль

A sail, a sail - a promised price to hope!
Her nation, flag? What speaks the
telescope?
She walks the waters like a thing of life
And seems to dare the celements to strife.
Who would not brave the batlle fire,
the wreck,
To move the monarch of her peopled deck?
Byran[50]

В 1811 году, в июле месяце, из устья Северной Двины выходил в море небольшой карбас. Надо вам сказать, что в 1811 году в июле месяце, точно так же, как в настоящем 1834 году, до которого мы дожили по милости божией и по уверению календаря академии, старушка Северная Двина

---

[50] Корабль, корабль - надежда на приз! Какой он нации, под каким флагом? что говорит зрительная труба? Он идет по волнам как одушевленный; он, кажется, вызывает на бой стихии. Кто побоится огня, воды, чтоб только пройтись властелином по этому многолюдному деку? (англ.). - Байрон. (Перевод автора. - Ред.)

выливала огромный столб вод своих прямо в Северный океан, споря дважды в день с приливом, который самым бессовестным образом вторгался в ее заветные омуты и превращал ее сладкие, благородные струйки в простонародный рассол, годный разве для трески. Обязан я вам и объяснить по долгу литературной совести, что карбасом в те поры, как доселе, называлось судно шагов восемнадцать длиннику, на шесть ширины, с двумя мачтами-однодревками, полусшитое корнями, полусбитое гвоздями, из которых едва ль пятая часть были железные. Палубы на карбасе обыкновенно не полагалось, а на корме и на носу небольшие навесы образовали конурки, где, на кучах клади, только русская спина, и только одна спина, могла уютиться, скрутясь в три погибели. Вследствие чего, как вы сами усмотреть благоизволите, в середину судна белый свет и бесцветная вода сверху и снизу, справа и слева, могли забегать и проживать безданно, беспошлинно. Посудина эта, или, выражаясь учтивее, этот корабль, - а слово "корабль", заметьте, произвожу я от "короба"[51], а короб от "коробить", а коробить от "горбить", а горб от "горы": надеюсь, что это ясно; какие-то подкидыши этимологи производят "корабль" от какого-то греческого слова, которого я не знаю, да и знать не хочу, но это напраслина, это ложь, это клевета, выдуманная каким-нибудь продавцом грецких орехов; я, как вы изволите видеть, коренной русский, происхожу от русского корня и вырос на русских кореньях, за исключением биквадратных, которые мне пришлись не по зубам, а потому, за секрет вам скажу, терпеть не могу ничего заморского и ничему иностранному не верю, - итак, этот корабль, то есть этот карбас, весьма походил на лодию, или ладью, или лодку древних норманнов, а может статься, и аргонавтов[52], и доказывал похвальное постоянство русских в корабельной архитектуре, но с тем вместе доказывал он и ту истину, что мы с неуклюжими карбасами наследовали от предков своих славено-руссов отвагу, которая бы сделала честь любому hot pressed, силой завербованному моряку, танцующему под свисток man of war[53] на лощеной палубе английского линейного корабля, или спесивому янки[54], бегущему крепить штын-болт[55] по рее американского шунера.

Да-с! Когда вздумаешь, что русский мужичок-промышленник,

---

[51] Слово корабль... произвожу я от короба... - По мнению ученых, слово "корабль" греческого происхождения.

[52] Аргонавты - древнегреческие герои; совершили поход на корабле "Арго" в Колхиду за золотым руном.

[53] военный (англ.).

[54] В насмешку англичане называют североамериканцев yankee.

[55] Штын-болт - особый морской узел.

мореход, на какой-нибудь щепке, на шитике[56], на карбасе, в кожаной байдаре, без компаса, без карт, с ломтем хлеба в кармане, плавал, хаживал на Грумант, - так зовут они Новую Землю, - в Камчатку из Охотска, в Америку из Камчатки, так сердце смеется, а по коже мурашки бегают. Около света опоясать? Копейка! Послушайте, как он говорит про свои странствия, про которые бы французы и англичане и в песнях не напелись, и в колокола не назвонились, и вы убедитесь, что труды и опасности для него игрушка. "Забрались мы к Гебрицким да оттуда на перевал в Бразилию, в золотое царство махнули. Из Бразилии перетолкнулись в Камчатку, а оттоль ведь на Ситку[57]-то рукой подать!" Вот этаких удальцов подавай мне, - и с ними хоть за живой водой посылай! Океан встрелся? Океан шапками вычерпаем! Песчаное море? Как тавлинку, вынюхаем! Ледяные горы? Вместо леденца сгрызем! Где ж это сударыня Невозможность запропастилась? Выходи, - авось на подметки нам пригодится! Под кем добрый конь авось-масти, тому лес не лес, река не река: куда ни поскачут - дорога, где ни обернется - простор. На кита? - так на кита - экая невидаль! Зубочисткой заострожим! На белого медведя? щелком убьем; а в красный час и лукавый под руку не подвертывайся. Нам уже не впервые на зубах у него гвозди ковать, в нос колечко вдевать. Правду сказать, русак тяжел на подъем; раскачать его трудно; зато уж как пойдет, так в самоходах не догонишь. Куда лениво говорит он первое "ась?". Но когда после многих: "Да на что мне это! Да к чему мне это! Живем и так; как-нибудь промаячим!" - доберется он до "нешто, попытаем!" да "авось сделаем", так раздайтесь, расступитесь: стопчет и поминай как звали! Он вам перехитрит всякого немца на кафедре, разобьет француза в поле и умудрится на заводе лучше любого англичанина. Не верите? Окунитесь только в нашу словесность, решитесь прочесть с начала до конца пламенные статьи о бессмертных часах с кукушкою, о влиянии родимых макаронов на нравственность и о воспитании виргинского[58] табаку, статьи столь пламенные, что их невозможно читать без пожарного камзола из асбеста, - и вы убедитесь, что литературные гении - самотесы на Руси так же обыкновенны, как сушеные грибы в великий пост, что мы ученее ученых, ибо доведались, что науки вздор; что пишем мы благонравнее всей Европы, ибо в сочинениях наших никого не убивают, кроме здравого смысла.

Но к делу. В 1811 году еще ни один пароход не пугал своими шумными колесами рыбный народ в реках русских, и потому двинские

---

[56] Шитик - мелкое речное судно.

[57] Ситка (Ситха) - город на Аляске, ныне Ново-Архангельск.

[58] Виргинский табак - нюхательный табак, выращенный в Виргинии (Сев. Америка).

рыбки безбоязненно высовывали головки свои, чтобы полюбоваться на вороной как смоль карбас и тех, которые им правили. Вот физиологические подробности, полученные мною от одной из очевидиц, щук: несмотря на архангелогородскую соль и непривычное ей путешествие в розвальнях, слог этой щуки так цветист, как будто бы она кушала сочинителей всех темных, пестрых и голубых сказок[59]; должно думать, что предметы, отражаясь в тысяче граней рыбьих глаз, производят необыкновенное разнообразие впечатлений в их мозге; образчик прилагается в подлиннике.

Река, - рыбы всегда начинают речь с своего отечества, с своей стихии: благоразумные рыбы! в этом они нисколько не следуют сосцепитательным сочинителям, которые всего более любят говорить о том, что они знают наименее, - река чуть струилась; корабль катился быстро, напутствуемый теченьем и ветром; пологие берега незаметно текли мимо его, и если б кой-где стоящие на якорях суда не оказывали бега судна как поверстные столбы, то пловцы в карбасе могли бы подумать, что они неподвижны: столь однообразно-пусты, так безмолвно-мертвы были окрестные тундры. Тогда еще не видно было на берегах Двины сахарных и канатных заводов, и ни одна верфь не готовила бросить в воду юных скелетов корабельных, еще не одетых дубовою плотью. На всем пространстве от Соломбола до устья не встретилось им ни одной живой души, хотя разноцветный мох подернут был оранжевою ягодой морошки...

- Отличное противоскорбутное[60] средство! - замечает мой приятель, медик. - Природа помещает всегда противуядие вблизи яда; как мне известно, морошка составляет теперь отрасль торговли Придвинского края: ее для английского флота вывозят тысячами сороковых бочек.

...Морошки, раскинутой причудливыми узорами, подобно фате северной красавицы...

- Лучше бы сказать, подобно русскому ситцу, - говорит один женатый помещик, - потому что русские ситцы-самоделки точь-в-точь морошка по болоту.

Рыба сморкает нос и продолжает:

Только одинокий журавль, царь пустыни, бродил там, как ученый по части зоологии...

Он, - то есть журавль, а не ученый, - втыкал нос в мутную воду, в

---

[59] ...кушала сочинителей всех темных пестрых я голубых сказок... - Видимо, здесь имеется в виду В.Ф.Одоевский (1804-1869), автор книги "Пестрые сказки с красным словцом" (1833).

[60] Противоскорбутный - от нем. скорбут - цинга, болезнь, развивающаяся вследствие отсутствия в пище витамина С.

жидкий ил и, вытащив оттуда какого-нибудь червячка или пескаря, гордо подымал голову. Оглянувшись на карбас, он рассчитал глазомерно расстояние и, уверившись, что находится вне выстрела, погнался за резвою лягушкою, беспечно кивая хвостиком. Он нашел лягушку гораздо занимательней людей.

И справедливо: барон Брамбеус хоть вовсе не похож на журавля, а чуть ли не того же мнения. "Лягушек не лягушек, - скажет он, - а что устриц я всегда предпочту людям! Во-первых, древность происхождения устриц глубже всякой летописи[61] и несомненнее Несторовой, так что сам барон Кювье[62] не отыскал пятна в их предпотопной генеалогии; во-вторых, они постояннее китайцев в своих мнениях: родятся себе и умирают у скалы, к которой приросли, и с доброй воли не делают фантастических путешествий[63]; и, в-третьих, не заводят в старом море юной литературы".

Судя по хладнокровию, или, лучше сказать, по беспечности, с какою четверо мореходцев, составлявших экипаж карбаса, пускались в шумный бурун, образованный борьбою речной воды с напором возникающего прилива, их можно было бы зачислить в варяжскую дружину, не подводя под рекрутскую меру. На руле сидел здоровый молодец лет двадцати семи: волосы в кружок, усы в скобку, и бородка чуть-чуть закудрявилась, на щеках румянец, обещавший не слинять до шестидесяти лет, с улыбкой, которая не упорхнула бы ни от девятого вала, ни от сам-девять сатаны, - одним словом, лицо вместе сметливое и простодушное, беззаботное и решительное; физиономия настоящая северная, русская.

По одежде он принадлежал к переходным породам. На голове английская пуховая шляпа, на теле суконный жилет с серебряными пуговицами; зато красная рубашка спускалась по-русски на китайчатые шаровары[64], а сапоги, по моде, сохранившейся у нас со времен Куликовской битвы, загибали свои острые носки кверху. По самодовольным взглядам, которые бросал наш рулевой на изобретенный им топсель[65], вздернутый сверх рейкового паруса, он принадлежал к школе нововводителей. У средней мачты, в парусиновой куртке и в таких же брюках, просмоленных до непроницаемости, сидел старик лет за

---

[61] ...летописи и несомненнее Несторовой... - Нестор - русский писатель конца XI - нач. XII в., составитель летописного свода "Повести временных лет" (ок. 1113 г.).

[62] Кювье Жорж (1769-1832) - французский естествоиспытатель, автор известных трудов по анатомии, палеонтологии и систематике животных.

[63] ...не делают фантастических путешествий... - Речь идет о новеллах О.И.Сенковского "Фантастические путешествия Барона Брамбеуса" (1833).

[64] ...китайчата шаровары... - из "китайки", хлопчатобумажной ткани, первоначально привозившейся из Китая.

[65] Топсель - косой треугольный парус.

пятьдесят, у которого благословенная бородища была в явном разладе с кургузым матросским платьем: явление странное всегда и нередкое до сих пор. Издавна ходил он по морям на кораблях купца Брандта[66] и компании, но напрасно уговаривали его хозяева обрить бороду. Ураганы могли теребить ее, море вцеплять в нее свои ракушки, вкраплять соляные кристаллы, случай заедать в блок или в захлест каната, но владелец ее был непоколебим ни насмешками юнгов, ни ударами судьбы. Он не возлагал даже на нее постризала, и она в природной красе, во весь рост расстилалась по груди и по плечам упрямца. Дядя Яков, так звали этого чудака, сидел на бочонке русского элемента, квасу, и сплеснивал, то есть стращивал, веревку. У ног его почти лежал молодой парень лет двадцати, упершись ногою в борт и придерживая руками шкот[67], угловую веревку паруса. По его свежему лицу, по округлым, еще не изломанным опытностию чертам, по любопытству, с каким поводил он вкруг глазами, даже по неловкости его, больше чем по покрою кафтана, можно было удостовериться, что он не просоленный моряк, новобранец, только что из села.

На носовом помосте лежал ничком, свеся голову за борт, коренастый мореход с физиономией, какие отливает природа тысячами для вседневного расхода. Не на что было повесить на ней никакого чувства, а мысль, будь она кована хоть на все четыре ноги, не удержалась бы на гладком его лбу. Он поплевывал в воду и любовался, как струя уносила изображение его жизни, и потом запевал: "Ох, не одна! Эх, не одна!" - и опять поплевывал. Он принадлежал к бесконечному ряду практических философов, которые разрешают жизнь самым безмятежным образом, - работать, когда нужно, спать, когда можно.

Молодой человек, сидевший на руле, был полный и законным хозяин карбаса, вместе с грузом, и временный командир, капитан или воевода дяди Якова, Алексея, племянника по его сердцу, и неизбежного Ивана по сердцу всему свету. Оставшись сиротою на двенадцатом году возраста, он, как большая часть удалых ребят Архангельской губернии, нанялся юнгою на английский купеческий корабль и мыкался бурями и волнами до двадцати двух лет, имея удовольствие получать щелчки от шкиперов[68] всех наций и побранки на всех языках. Наскучив бесприютною жизнию матросскою, он пристал к истинно почтенному классу биржевых артельщиков, людей испытанной честности, трезвых, деятельных, смышленых, и потом взят с хорошим жалованьем в контору одного из

---

[66] ...на кораблях купца Брандта... - Брандт Карстен (ум. в 1693 г.) - голландец, корабельный мастер, первый наставник Петра I в морском деле.
[67] Шкот - снасть для управления парусом.
[68] Шкипер - командир грузового судна.

богатейших иностранных купцов Архангельска. Через шесть лет он был уже в состоянии покинуть чужое гнездо. Его томила охота отведать своего счастья, поторговать на свое имя, - и вот он купил и снарядил карбас, - и вот он теперь уже в пятый раз, в другое лето, пускается в море.

Впрочем, никогда еще Савелий Никитич - это было его имя - не пускался в море с таким запасом веселости, как этот раз. Причину тому я знаю, - да и чего я не знаю? - не хочу таить ее за душой. Он - в добрый час молвить, в худой помолчать - задумал жениться. Дочь его соседа, также архангельского мещанина, как он сам, Катерина Петровна, прелестная, как все Катерины вместе, и миловидная, как ни одна из Катерин, до сердца приглянулась нашему плавателю. Его воображение, изощренное морским воздухом, и во сне ничего не грезило свежее, умнее и достойнее этой русокосой красавицы. Ему всего более понравилось, что она порядком отбояривала от себя молодых флотских офицеров, которые, сверх обязанностей по службе, берут на себя образование молодых девушек во всех портах пяти частей света. Одним словом и наконец, он, раскинув умом-разумом, подвел итоги своих карманов, пригладил голову кваском и, благословясь, пошел сватать свою зазнобу к отцу ее. С самой Катериной Петровной он, должно быть, давно стакнулся; и хоть я не был свидетелем, да уже на свой страх говорю вам, что молодежь моя променяла между собой не одну клятву любви и верности с приложением взаимных поцелуев. Как быть, милостивые государи! В торговле всегда есть контрабанда, в сватовстве потаенные сделки.

Савелий расчувствовался; упал на колени перед отцом Катеньки, просит благословения.

Старик отец погладил его по голове и поднял; погладил себя по бороде и сказал:

- Послушай, Савелий Никитич! Ты добрый человек, ты смышленый и честный парень: спасибо, что пришел ко мне прямо, без свах, и тебе я скажу прямо, без обиняков: ты мне по душе, я не прочь породниться с тобою; однако...

Ох, уж мне это "однако" вот тут сидит, с тех еще пор, как учитель хотел было, по его сказам, простить меня за шалость, однако высек для примера; с тех пор как мой искренний друг и моя вернейшая любовница клялись мне в привязанности и за словом, однако, надули меня... Однако ж оставим это "однако".

Савелий, не смея дохнуть, стоял перед стариком, высасывал глазами догадки из его лица, но слово "однако", произнесенное с такою расстановкою, что между каждым слогом уложиться могло по двадцати сомнений, распилило его сердце пополам, и опилки брызнули во все стороны.

- Од-на-ко (после ко две черточки), - произнес старик и почесал в

119

затылке, потому что затылок есть чердак человеческого разума, в котором сваливают весь хлам предрассудков, всю ветошь нравоучений, колодки давно стоптанных мнений и верований, битые фляжки из-под воображения; или, лучше сказать, он - гостинодворская темная задняя лавка, в которую обыкновенно заводят приятеля-покупателя, чтобы сжить с рук полинялый, старомодный товар. - Однако, Савелий Никитич! ведь не мне жить с тобой, а дочери, а за ней приданое не богато[69]. Я и сам с копейки на копейку перепрыгиваю. Рад бы душой, да кус небольшой: у меня же сыновья подростки. Опять и дочери своей мне не хочется видеть в нужде, лучше заживо в землю закопаться. Впрочем, вкруг Катеньки, сам ты известен, женихи словно хмель увиваются.

"Пропала моя головушка!" - подумал Савелий.

- Не в укор тебе будь помянуто - покойник батюшка твой сидел в лавочке, да выехал из ней на палочке: благодаря мичманам проторговался, поплатился добром за свою простоту и пустил тебя круглым сиротою кататься словно медный грош по белу свету. Не осуди, брат Савелий! Имя твое знаю я, отчество знаю, а животов не знаю. Скажи мне как на духу: есть ли на что у тебя хозяйством обзавестись, да себе на прожиток и детям на зубок придобыть?

Савелий вытащил бумажник, показал ему свои аттестаты, выложил тысячу рублей чистогану, да еще тысячи на полторы квитанций купленным товарам: это для мещанина не безделица.

- Притом я имею суднишко и кредит, - сказал он, - ношу голову на плечах и благодаря создателя не пустоголов, не сухорук. Прошлый год я выгодно продал в Соловках свои товары, был там и по весне; да если с тобой поладим, так с жениной легкой руки в Спасово заговенье[70] опять пущусь. Что ж, Мироныч: аль другие-то лучше меня? Позволь!

- Ну, Савелий, руку! Только свадьбе быть после Спаса. Ты наперед съездишь в Соловки да соберешь копейку на обзаводство; а то с молодой женой ростаням конца не будет. Не поперечь мне, Савелий, у меня слово с заклепом.

- Это очень хорошо! - сказал Савелий. "Это очень плохо!" - подумал Савелий.

Но делать было нечего: довелось согласиться на отсрочку. Благословили образом, обручили, а между тем, покуда подружки-голубушки шили Кате приданое да пели, - между тем, как отец и мать ее пили да плакали, карбас Никитина снарядился и нагрузился. Минута разлуки была уже за плечами, уж на плече, уж расправляла крылья, чтоб

---

[69] ...за ней приданое не рогато - невелико (нет рогатого скота).

[70] Заговенье - последний день перед постом, когда можно употреблять скоромную (мясную) пищу.

120

улететь, а наши милые, или, как выражаются архангелогородцы, "бажоные", обрученники о том и думать не думали. Дядя Яков принужден был вытащить жениха от невесты волоком. Попутный ветер казался ему самою противною погодой; но ветер пересилил любовь. Савелий выпил последнюю каплю наливки, сорвал последний поцелуй с губок невесты. Сладка ему была капля, поцелуй еще слаще; век не расстаться бы с ними, однако он расстался. Ему надо было спешить уехать, чтобы поспешнее приехать. Он прыгнул в карбас, цепь с громом скользнула со сваи, карбас отчалил.

Долго стояла Катя на набережной, провожая глазами суженого, махая белою рукой; сердце ее вещевало не на доброе; она залилась слезами и пошла домой, вытирая их миткалевым[71] рукавом своей сорочки. С Савельем было не лучше: покуда видна была Катя, он оглядывался, до того, что чуть шеи не вывихнул, а потом взгляды его ныряли в воду, словно он обронил туда свое сердце, словно он с досады хотел ими зажечь струю-разлучницу. И наконец переполненный горечью сосуд пролился: слезы брызнули из глаз бедняги в три ручья, - и именно в три, потому что две струйки сливались у него на носу и катились вниз рекою, точь-в-точь как Юг и Сухона образуют Северную Двину. Это, однако же, облегчило Савелья; он отдохнул; доброе солнышко так весело взглянуло ему в очи, что он улыбнулся; ветер спахнул и высушил даже следы слез; вот и надежда-летунья начала заигрывать с его душою. И чего, в самом деле, доброму молодцу было печалиться. Впереди его - золото, назади - любовь!.. Правда, между этими оконечностями лежали две бездны моря, усаженные опасностями от бурь и каперов, - тогда с англичанами была война[72], - да ведь бог не без милости, казак не без счастья: не в первый раз ему было с морем переведываться. Пять часов пути и шестьдесят верст расстояния прокрались мимо, как беглецы, и вот почему наш Савелий так беззаботно, так весело пускался в бурун, разграничивающий соленую воду от пресней.

И шибко, со всего разбегу, ухнул острогрудый карбас в бой шумящего, плещущего бара, - так шибко, что брызги засверкали и рассыпчатая пена обдала пловцов с головы до ног. Карбас черпнул. Испуганный, облитый Алексей выпустил шкот из рук своих; парус заполоскался, карбас возник, взбежал на хребет вала и мигом, стремглав, промкнул сквозь водяную гряду. Чрез пять минут он гоголем плыл уже по морю, которое с ропотом наступало на берега.

---

[71] Миткаль - самая простая хлопчатобумажная ткань, ненабивной ситец.

[72] ...тогда с англичанами была война... - В 1807 г. Россия, по условиям Тильзитского мира, прекратила торговые отношения с Англией, присоединившись к континентальной блокаде.

- Что, Алексей, - спросил новобранца Савелий, усмехаясь, - аль тебе не любы крестины морскою водою?

- Хороши, - отвечал Алексей, вытирая лицо, - только без каши и крестины не в крестины.

- Погоди, брат Алеша, мы тебя в соленой купели выкупаем. Тогда уж с веслом и за кашу посадим тебя, - помеси да и в рот понеси, - кушай да похваливай. Захочешь ли брат - брага у нас шипучка; зелено вино с пенкой некупленые, немереные - пей сколько в душу войдет.

- Спасибо на ласке! Подноси сперва старшим, дядюшка, - лукаво отвечал Алексей.

- Ты в море гость, мы хозяева, - сказал Савелий, - а гостей потчуют не по летам.

- Однако, - молвил дядя Яков, оглядывая в дозор небосклон, - не придержать ли нам на вечер-то вдоль берега? Что-то очень парит: словно пыль пылит над тундрою. Подымется, не ровен час, разыграй-царевич - так и нам в открытом море без беды беда придет.

- Волка бояться - в лес не ходить, дядя Яков! - возразил Савелий. Ветер, словно клад, не во всякую пору дается: упустим его - так трудно будет на него карабкаться после. А когда теперь на норд-норд-вест заберемся, так уж по ветер-то как по маслу скатим в Соловки, когда вздумается. Небо чисто.   Диез

- Нешто! - сказал дядя Яков и принялся доплетать узел веревки.

- Вестимо, так! - сказал Алексей, как будто что-нибудь понял, и принялся зевать в обоих значениях этого слова. Иван не рассуждал и не говорил: он поплевывал в морс. Савелий по привилегии, данной всем людям, у которых звенит что-нибудь в голове или в кармане, строил воздушные замки. Карбас, пятое действие нашей драмы, покачиваясь с боку на бок, изволил плыть да плыть в необъятное море.

День шел в гости к вечеру. Прибрежье никло; островок Мудюг, стоящий на часах у входа в Двину, окунывался, и опять выглядывал, и опять окунывался в воду. Скоро земля слилась в темную полосу, в черту, едва видную; вал заплеснул и эту черту, - прощай, моя родина! Бездонное небо, безбрежное море обнимает теперь утлое судно. Только вольный ветер да рыскучие волны напевают ему в лад свою вечную, непонятную песню, возбуждая думы неясные о том, что было и что будет, о том, чего никогда не было и никогда не будет.

Не знаю, случалось ли вам испытать чувство разлуки с родным берегом на веру зыбкой стихии. Но я испытал его сам; я следил его на людях с высоко-настроенною организациею и на людях самых необразованных, намозоленных привычкою. Когда почувствуешь, что якорь отделился от земли, мнится, что развязывается узел, крепивший сердце с землею, что лопает струна этого сердца. Груди становится больно и легко невообразимо!.. Корабль бросается в бег; над головой вьются морские птицы, в голове роятся воспоминания, они одни, гонцы неутомимые, несут вести кораблю о земле, им покинутой, душе - о былом невозвратном. Но тонет и последняя альциона в пучине дали, последняя поминка в душе. Новый мир начинает поглощать ее. Тогда-то овладевает человеком грусть неизъяснимая, грусть уже неземная, не земляная, но еще и не вовсе небесная, словно отклик двух миров, двух существований, развитие бесконечного из почек ограниченного, чувство, не сжимающее, а расширяющее сердце, чувство разъединения с человечеством и слияния с природою. Я уверен, оно есть задаток перехода нашего из времени в вечность, диез[73] из октавы кончины.

И неслышно природа своей бальзамическою рукою стирает с сердца глубокие, ноющие рубцы огорчений, вынимает занозы раскаяния, отвевает прочь думы-смутницы. Оно яснеет, хрусталеет, - как будто лучи солнца, отразясь о поверхность океана и пронзая чувства во всех направлениях, передают сердцу свою прозрачность и блеск, обращают его в звезду утреннюю. Вы начинаете тогда разгадывать вероятность мнения, что вещество есть свет, поглощенный тяжестию, а мысль, нравственное солнце, духовное око человека, сосредоточивая в себе мир, есть вещество, стремящееся обратиться опять в свет посредством слова. Тогда душа пьет волю полною чашею неба, купается в раздолье океана, и человек превращается весь в чистое, безмятежное, святое чувство самозабвения и мироневедения, как младенец, сейчас вынутый из купели и дремлющий на зыби материнской груди, согретый ее дыханием, улелеянный ее песнью. О, если б я мог вымолить у судьбы или обновить до жизни памятью несколько подобных часов! - я бы...

"Я бы тогда вовсе не стал читать ваших рассказов", - говорит мне с досадою один из тех читателей, которые непременно хотят, чтоб герой повести беспрестанно и бессменно плясал перед ними на канате. Случись ему хоть на миг вывернуться, они и давай заглядывать за кулисы, забегать через главу: "Да где ж он? Да что с ним сталось? Да не убился ли он, не убит ли он, не пропал ли без вести?" Или, что того хуже: "Неужто он до сих пор ничего не сделал? Неужто с ним ничего не случилось?"

"Я бы вовсе не стал тогда читать ваших рассказов, г.Марлинский, потому что - извините мою откровенность - я уже не раз и не втихомолку зевал при ваших частых, сугубых и многократных отступлениях. Хоть бы вы за наше терпение перекувыркнули вверх дном этот проклятый карбас, который ползет по воде, как черепаха по камням. Так нет, сударь: всплыл, как всплыл. Думаем, вот сцапает он Савелья за вихор, минуя брандвахту, и откроет в нем какого-нибудь наполеоновского пролаза или морского

---

[73] Диез - нотный знак повышения звука на полтона.

разбойника. Не тут-то было! Вместо происшествий у вас химическое разложение морской воды; вместо людей мыльные пузыри и, что всего досаднее, вместо обещанных приключений ваши собственные мечтания".

Я ничего вам не обещал, милостивый государь, говорю я с возможным хладнокровием для авторского самолюбия, проколотого навылет, - самолюбия, из которого еще каплет кровь по лезвию насмешки. Ваша воля - читать или не читать меня; моя - писать как вздумается.

"Но, милостивый государь, я купил рассказ ваш".

Я не приглашал вас; не брал вас с учтивостью за ворот, как это делается в свете при раздаче лотерейных билетов или билетов на концерт для бедных. Вы купили рассказ мой и можете сжечь его на раскурку, изорвать на завивку усов, употребить на обертку ваксы. Вы купили с этим право бранить или хвалить меня, но меня самого вы не купили и не купите, - я вас предупреждаю. Перо мое - смычок самовольный, помело ведьмы, конь наездника. Да, верхом на пере я вольный казак, я могу рыскать по бумаге без заповеди, куда глаза глядят. Я так и делаю: бросаю повода и не оглядываюсь назад, не рассчитываю, что впереди. Знать не хочу, заметает ли ветер след мой, прям или узорен след мой. Перепрянул через ограду, переплыл за реку - хорошо; не удалось - тоже хорошо. Я доволен уже тем, что наскакался по простору, целиком, до устали. Надоели мне битые укаты ваших литературных теорий chaussees[74], ваши вековечные дороги из сосновых отрубков, ваши чугунные ленты и повешенные мосты, ваше катанье на деревянной лошадке или на разбитом коне, ваши мартингалы[75], шлих-цигели[76] и шпаниш-рейтеры; бешеного, брыкливого коня сюда! Степи мне, бури! Легок я мечтами - лечу в поднебесье; тяжек ли думами ныряю в глубь моря...

"И приносите со дна какую-нибудь ракушку".

Хоть бы горсть грязи, милостивый государь. Она все-таки будет свидетельницей, что я был на самом дне. Для купца дорог жемчуг; естествоиспытатель отдает свой перстень за иную подводную травку. Что прибавит жемчужина к итогу счастья человеческого? А эта травка, может быть, превратится в светлую идею, составит звено полезного знания. Желаю знать: купец вы или испытатель?

Читатель мой дворянин, не только личный, но, может статься, двуличный, наследственный: он никак не хочет назваться купцом. Опять он терпеть не может и естествоиспытателей всех родов, которые пластают,

---

[74] гладких (фр.).

[75] Мартингал - в конской упряжке ремень, идущий от удил к нагруднику для направления головы лошади в нужное положение.

[76] Шлих-цигель, шпаниш-рейтер - особые аллюры (способ бега лошади) при верховой езде.

потрошат природу, рассекают мозг, и сердце, и карманы человеческие вживе, будь они хоть пятого класса, и ловят там насекомые мысли, пресмыкающиеся чувства. Да мало того, что они нашпиливают все это на остроумие и выставляют на благорассмотрение почтеннейшей публики; они подслушивают у дверей кабинетов, заползают под изголовья супружеские, втираются в сени палат, подкапываются под гробы, проникают всюду как золото, впиваются в души как лесть и потом - милости прошу! - все ваши тайны вынесены уж на толкучий.

"Нет, я не купец, не испытатель, - говорит он, - я просто читатель".

Я кладу свои замечания в ум ваш, как свои деньги в ломбард: на имя неизвестного!

Вот это, по крайней мере, ясно и неоспоримо. Не надейтесь же получить более четырех, законных, процентов, - и этого вам за глаза. Правда, я веду слово про архангельского мещанина Савелия Никитина и ручаюсь, что для русского анекдот этот будет занимателен, по тому уж одному, что он не выдумка. Но кто вам сказал, что сам я менее занимателен, чем Савелий Никитин? Знаете ли, сколько страстей перемолол я своим сердцем? какие чудные узоры начеканил мир на моем воображении? И если б я вздумал перевесть с души на ходячий язык свои опыты, мечты и мысли, вы, вы сами, сударь, нашли бы эти записки занимательными не менее "Записок" Трелонея[77] или "Последней нескромности современницы[78]".

"Ради Смирдина[79], сделайте это поскорее, любезнейший! И тисните в большую осьмушку с готическим заглавием и с виньеткою Жоанно[80]. Я страх люблю виньетки и мемуары, особенно в роде Видока[81]. Даете вы слово? Скажите ж - да! Полноте упрямничать: снимите долой лень свою!.."

У нас печатная сторона человека всегда будет походить на подкладку из одних афиш комедианта Цапата в "Жильблазе"; и вот почему, милостивый государь, если вы хотите узнать меня, то узнавайте кусочками, угадывайте меня в стружках, в насечке, в сплавке. Не мешайте ж мне разводить собою рассказы о других: право, не останетесь внакладе.

Я поднимаю спущенную петлю повести.

---

[77] "Записки" Трелонея - Трелоуни (Трелонет; 1797-1881) - английский писатель, друг Байрона.

[78] "Последняя нескромность современницы" - вышедшие в 1827 г. записки французской авантюристки де Фонье.

[79] Смирдин Александр Филиппович (1795-1857) - книгопродавец и книгоиздатель.

[80] Жоанно Тони (ум. в 1853 г.) - французский гравер и рисовальщик.

[81] Видок Эжен-Франсуа (1775-1857) - французский сыщик, в прошлом уголовный преступник, автор "Мемуаров", частично переведенных на русский язык в 1820-1830 гг.

Савелий сидел задумавшись на руле. Сердце ею то вздувалось, как парус, то опадало, как волна. Чувство беспредельности завладело им, и тогда на вопрос: "О чем ты думаешь?" - он мог бы отвечать: "Ни о чем!" по всей правде, потому что все мысли, все ощущения в такие часы подобны каплям, вдруг улетученным в безвидные пары: они разливны, смешаны, безграничны. Товарищи Савелья больше или менее погружены были в такое же безотчетное, немое созерцание и внимание природы в себе и себя в природе; в чувство сознания, неразлучного событию, доступное, как я думаю, всем животным.

Наконец племянник дяди Якова, который, по всей вероятности, неохотно расстался с избой своей, и косой своей, и косой своей любушки, с горелкой и с горелками, первый сломал общее молчание.

- Эка притча, подумаешь ты! Ухитрился же человек в корыте по морю плавать, бога искушать! Аль земля-то клином сошлась? Аль на земле угодьев ему не стало?

- Молчал бы ты, молчал, - возразил с досадою дядя Яков. - Коли в мореходы пошел, так по земле нечего тужить! Земля! Эка невидаль! Видишь, что выдумал!

- Право, дядя Яков, не я ее выдумал.

- Тебе ль ее выдумать, когда ты об ней и подумать-то путем не умеешь! Земли-то у нас много, да в земле мало: за неволю пришлось рулем море пахать. Небось любишь ты и крупчатик[82] съесть, и синий кафтан напялить, и почаевать порой: а разве тонкое сукно да сахар у нас на березах растут? Ась? Вот и плывут удалые головы за море, по красный товар. В лес не съездишь, так и на полатях замерзнешь.

У глупцов голова ни дать ни взять азиатский караван-сарай[83]: голые стены без хозяина. Мысли приходят в нее, неизвестно откуда; уходят, незнаемо куда. Слово "море" пролетело сквозь уши Ивана и спустило пружину песни. В голове его ничего не было, кроме песен; он затянул:

За морем синичка не пышно жила;
Не пышно жила, пиво варивала,
Солоду купила, хмелю взаймы взяла.

В свою очередь, слово "пиво" чудным сцеплением идей пробудило в Алексее пивное воспоминание, и он, вытирая мечтательную пену с губ своих, сказал:

- Знаешь ли что, дядя Яков! в иную пору мне бы и в ум не впало

---

[82] Крупчатик - хлеб из лучшего сорта пшеничной муки.

[83] Караван-сарай - в Азии - постоялый двор со складом для караванных товаров.

тужить по родине, а теперь у нас в деревне праздник на дворе; так если б удалось престолу свечку поставить, - повиднее бы в море пускаться.

- Молод, брат, ты, Олеша, да вороват! Не свечка, а печка у тебя на уме. Не молиться, а столовать тебя охота разбирает. Старики недаром сложили пословицу - кто на море не бывал, досыта богу не моливался. Да уж коли здесь мало простору, так в Соловках молись - не хочу. Добрые люди с краю земли туда пешком ходят на богомолье, а тебе к случаю, без труда, выпала такая благодать, - чудотворцам Зосиме и Савватию[84] поклониться, к мощам приложиться, чудесам их подивиться! Ахнешь, брат, как повидишь, из каких громад сложены стены монастырские! Вышины, - взглянь, так шапка долой; толщины, - десять колесниц рядом проскачут; и кажный камень больше избы. Ведь святым угодникам ангелы помогали: человеку ни вздумать, ни сгадать, не то чтобы руками поднять такое беремя.

- Аль Соловецкий-то остров утес, дядя Яков?

- В том-то и диво, что не утес. Берег как двинской: песок, где-где с подводными валунами. А птицы-то, птицы что там! На заре инда стон стоит! Гусей, лебедей, словно пены; под божьею тенью рай для них. Никто их не бьет, не путает, сердечных. У самых ворот журавли на одной ножке стоят, дикие утята полощутся, и усатые киты играют, со стен подачки дожидаются.

- А что, дядя Яков, кит-рыба, примером сказать, ростом, дородством будет с царский корабль?

- Кит киту розь, - преважно отвечал дядя Яков. - Есть сажен в десять, есть сажен в двадцать: да это на нашем веку так они измельчились. В старину то ли было! Лет два сорока тому назад, в страшную бурю, прошел мимо Соловецкого кит, - конца не видать; разыгрался он хвостом, хвост-то вихрем и вздуло, как парус: не может кит хлеснуть им об воду. А хлеснул бы он, затопил бы низменный остров, залил бы монастырь с колокольнями. Отец архимандрит со всеми старцами целую ночь напролет слезно молились: "Пронеси, господь, мимо кита-рыбу! Не дай ей ударить ошибом по морю!" И отмолили беду неминучую: к утру кит провалил мимо, гроза утишилась. Даже в Архангельске слышно было, когда приударили на Соловках с радости в огромные глиняные колокола. "Ну, слава богу! - сказали. - Жива обитель преподобных Савватия и Зосимы!"

- А что, эти глиняные колокола-то обожженные али из сырца? - с недоверчивостью спросил Алексей.

- Не сподобил бог видеть самому: только пономарь мне сказывал, что

---

[84] Чудотворцы Зосима и Савватий - монахи Кирилло-Белозерского монастыря, основатели Соловецкого монастыря (в 20-30-х гг. XV в.).

они до сих пор в тайнике висят, а как благовестить в них станут - заслушанье: что твои райские птицы поют! Да ты сам обо всем расспросить можешь: к восходу солнышка мы станем в Соловки.

- Если станем! - молвил Алексей.

- А с чего бы нет? Сто двадцать верст спустя рукава перемашем.

- Не хвались, дядя Яков, - сказал Савелий, - а лучше насвистим-ка погодку; видишь, ветерок-то стих, перепал.

Покорный общему суеверию моряков, дядя Яков принялся свистать, как свищут коням на водопой. И в самом деле ветер порхнул, будто дожидался приглашения; засвежел, скрепчал скоро. Зыбь раскатывалась грядами, гряды сшибались в крутые валы, и, наконец, море дало гул, подобный гулу, предшествующему вскипению воды в огромном котле. Солнце садилось в огненных тучах, весь запад кипел, будто кровью, - верная примета непогоды; когда ж горизонтальные лучи переломлялись в прозрачной синеве, в переливной зелени вала, он сквозил как стекло, он вспыхивал, как туча молниею, и гас, и темнел, и обрушивался, подавленный другими.

Савелий, принужденный придержать к ветру, чтоб не зарыскнуть далеко в океан, в упор налегал на румпель. Дядя Яков с Иваном держали на руках шкоты зарифленного (уменьшенного) грота. Алексей, бледный как саван, сидел, уцепившись за борт, и с ужасом смотрел на хлещущие в бок судна валы. Ему казались они чудовищами, которые заглядывают в карбас, чтобы схватить и сожрать его.

- Глянь-ка, глянь, дядя Яков! - сказал он. - Валы-то за нами вперебой гонятся. Страсть, да и только!

- Аль тебе дивно, что валы-старички расплясались. Да, брат, они скоро сами седеют, скоро и нашего брата седым делают. Ты не смотри на их пляску, а то как раз голова закружится.

- И впрямь так! - примолвил Савелий. - Чем глазеть на валы, возьми-ка, Алеша, лейку да отчерпывай воду: вишь, то и знай поддает. Ну, дядя Яков! напрасно я тебя не послушал: придержать бы к берегу, а то меня и в хорошую погоду знакомые отпевали, чуть я сберусь в море на карбасе, а в такую свалку, если б знал да гадал, я бы и сам трезвый не пустился. Посмотри на облака: словно недобрые люди бродят вкруг да около и промеж собой перемолвливают, куда бы на разбой стрекнуть.

- Чего доброго, - сказал дядя Яков, - пожалуй, и до нас доберутся, а у нас ворота настежь. Долга нам будет эта ночь!!

И ночь задвинула небо тяжкими тучами, и тучи всплескивались, как волны, и море забушевало, как небо. Вихорь спирал, взметал, разбрызгивал пары и волны. То черные облака разевали огненную пасть свою, зияющую жалом молний, то белогривые валы, рыча, глотали утлое судно и снова извергали его из хляби. В карбасе едва успевали отливать.

Паруса уже были убраны, но шквалы хлестали его так сильно, что нагие мачты трещали; он летел, как бешеный конь, и каждую минуту пловцы наши ждали - вот-вот зароется в воду! И вдруг разразился над ними удар грома: огонь ливнем рухнул во все трещины лопнувшего свода небес, и в тот же миг вздутый порывом вал ударил в корму. Карбас пил смерть; миг был ужасный. Пловцам показалось - их окатил огненный водопад сверху и снизу; они закрыли ослепленные глаза, чтобы не открывать их навеки Савелий с криком: "Господи, прими мою душу!" - выпустил румпель. Алексей уронил лейку...

- Теперь молись! - сказал ему дядя Яков.

Один только Иван не бросил работы: сквозь рев бури и валов слышалась звонкая песня его:

Из-за Волги кума в решете приплыла,
Веретенами гребла, юбкой парусила

Савелий не хотел умереть, потому что сбирался пожить; Алексей - потому что не успел пожить; дядя Яков - потому что не готов был умереть. Но что значила смерть, что прошлое и будущее для Ивана? Он не имел, на чем свесить этих загадочных мыслей. Он покинул бы свет точно так же, как и вошел в него, - без малейшего произвола или сожаления. Счастливец Иван! Не отбил бы я у тебя твоей жизни, но твоей смерти позавидовал бы. Кто, отваливая в гробу от жизни в вечность, не оглянется назад со вздохом, не взглянет вперед с сомнением, если не с ужасом?.. А он тонул и пел!

И поверите ли? когда стих гул громового удара в душах пловцов, они расхохотались песне Ивана и смеялись долго, смеялись наперерыв, будто в припадке. Разгадайте теперь сердце человеческое! Оно скорей всего дает смех в минуты самой жестокой скорби и ужаса! Я это видел и испытал.

Буря издохла с последним ударом своей ярости. Ветер упал вдруг. Природа как человек, или, лучше сказать, человек, как природа, в свое лето вспыльчив и бурен - на миг. Облака будто растопились молниею в дождь, и месяц, выкупавшись в туче, весело блеснул в тьме неба; лишь на краю горизонта толпились беглецы облака. Они улетали, ропща, огрызаясь, и порой вспыхивали их выстрелы зарницею; валы смывали отсталых; валы еще ходили и сшибались грозно между собою, как ратники иных народов после войны со врагами заводят междоусобия в отчизне, чтобы утолить свою кровавую жажду хоть из жил братии и дотратить на них боевой огонь, раздутый привычкою. Но скоро волны разлились в широкую зыбь, и по ней зазмеились белые полосы пены, недавно венчавшей гребни валов. Они тянулись, подобно строкам на мрачной, бесконечной странице моря, подобно следам поколений на океане жизни.

Исчезла самая пена, и синева бездействия подернула лицо моря. Оно дышало уже тяжело и прерывисто, подобно умирающему, и, наконец, к утру душа его излетела туманом, как будто преображая тем, что все великое на земле дышит только бурями и что кончина всего великого повита в саван тумана, непроницаемый равно для деятеля, как для зрителя.

Светало.

Аргонавты наши из несомненной смерти попали в смертельное сомнение, и хотя при этой верной оказии убедились они, что выражение любовников и подсудимых, будто сомнение хуже смерти, не совсем справедливо, однако ж положение их было вовсе не завидное. Карты нет, компаса не бывало. Да и на кой черт перед ними раскладывать карту, когда нет уменья разбирать ее? Один русский шкипер-мореплаватель на вопрос: "Разве у вас нет карт?" - с простодушием отвечал: "Были, батюшка, и золотообрезные, да ребята расхлестали, в носки играючи!" Компас - иное дело; Савелий знал, как с ним посоветоваться: да та беда, что в свадебных попыхах забыл его дома! Как быть? Ветер вчерась гонял их то вправо, то влево, вертелся, как бес перед заутреней, и перетасовал все румбы и умы наших пловцов в такой баламут, что сам Бюффон[85] со своею теориею ветров проиграл бы свое красноречие. Не мог придумать Савелий, на нос или на затылок должно надеть север. И солнце, по его мнению, то входило в левое ухо, а закатывалось из правого, то в правое, и садилось в левом. Куда же поворотить? Где искать Соловецкого? Утро раскрывалось как цветок, зато уж туман клубился - хоть на хлеб намазывай! Вот потянул ветерочек слева; но он был неверен, как светская женщина, колебался туда и сюда, как нынешняя литература, и чуть бороздил воду, будто на цыпочках бегая вкруг судна, чтоб не разбудить мореходцев.

Савелий держал совет с дядей Яковом.

- Соловки близко впереди, - говорил Алексей. - Вихорь гнал нас в тыл, и мы бежали, как заяц от беркута.

- Соловки у нас далеко в правой руке, - утверждал дядя Яков - Шквал зашел справа и занес карбас, как сокола, на запад.

- А может статься, и правда! - молвил Савелий. - Откуда ж теперь подул ветер?

- Вестимо, с севера! Днем жарко, днем дует ветер с берега; ночью свежо, ночью он ворочается домой.

- Да теперь уж день, и назло тебе прошлую ночь ветер бежал с берега, словно из острога с цепи сорвался.

- Буря - особь статья, Савелий Никитич! На земле-то целую неделю

---

[85] Бюффон Жорж Луи Леклерк (1707-1788) - французский ученый-естествоиспытатель.

пекло да жарило так, что и ночь не в ночь была; вот тепло без очереди и валилось в море, а теперь земля искупалася, попростыла; теперь непременно потянет холодок на берег, оттого что холодок сильнее тепла стал.

Дядя Яков говорил правду. Он не читал, отчего происходят ветры в атмосфере, не имел понятия о разрежении воздуха электричеством бурь или по равновесию газов, но он имел здравый ум и опытность. Савелий убедился. Решили, как изъясняются наши доморощенные мореходы, побрасоватъ, то есть поворотить паруса, и держать на восток. Вьюн зашипел за рулем; карбас поплыл в полветра. Однозвучное плесканье волн и утомление минувшей ночи клонили ко сну мореплавателей. Один Савелий не смел предаться утреннему сладкому сну: он был хозяин судна, он был король этого государства, сбитого деревянными гвоздями. Для блага своего и охраны других он не спал: зато грезил наяву. На ткани паруса и ткани тумана проходили, плясали, мелькали яркие образы, будто по месяцу волшебного фонаря. Ему виделось, как русая коса Катерины Петровны разделяется на две половины, и дважды обвивает чело ее, и скрывается под гарнитуровый платочек с золотой каймою. Виделись ему и раздернутые ситцевые занавесы брачной кровати и смятая пуховая подушка под розовою щечкою невесты; виделись ему друзья и приятели, - пируют уж у него на крестинах. Вот забота, как назвать первого сына, кого позвать в кумовья первой внучке. Одним словом, около него резвилась уж целая толпа его нисходящих потомков, и он глядел на них нежно и любовно, как иной сочинитель на свое литературное потомство - мал мала меньше, запеленанное в телячью кожу с золотым обрезом, которое, мечтает он, грядущие веки будут нянчить наподхват. Он грезил уж о внучатах, говорю я, забыв, что под ним голодная пучина, забыв, что корабль не более как дерево, матросы не более как люди и что "есть земные крысы и водяные крысы", по словам Шекспирова жида Шейлока[86]; а крысы съели польского короля Попеля; так спустят ли они разночинцу?

Сон и мечтания граждан карбаса прерваны были страшно и внезапно. Саженях в пятидесяти от них, на ветре, вспыхнула молния сквозь туман, и за громом выстрела ядро, свистя, перелетело через их головы. Все вскочили с мест: Иван с знаком удивления, в скобках зевка; Алексей с облизнем от недопитой во сне браги; дядя Яков с растрепанною бородою; капитан Савелий с предчувствием конечного разорения. У всех уши выросли на вершок, у всех ужас вылился единогласным криком: "Что это?!"

- Не гром ли? - сказал, крестясь, Савелий.

---

[86] Шейлок - герой трагедии В.Шекспира "Венецианский купец" (1596).

- Не звон ли глиняных соловецких колоколов? - молвил лукаво Алексей.

- Я те задам такого благовесту с перезвоном, что у тебя до Касьянова дня[87] в ушах будет звенеть! - крикнул дядя Яков. - Никитич! Лево на борт! Зевать нечего! Это англичане.

Целая стая годдемов зажужжала по дорожке, прорванной в тумане ядром, и убедила наших в несомненности слов Якова. Но желанье уйти от невидимого капера, пользуясь мглою, оперило их надеждою. Карбас кинулся по ветру, как утка, испуганная ружьем охотника. Но через минуту всякая вероятность избавления исчезла. Туман, испаряясь, становясь прозрачным, оказал погоню за кормою. Английский куттер[88], взрывая волны и пары, катился вслед бегущих. Огромный гик[89], отброшенный на ветер, выходя из туманов, казалось, хватал их; тень треугольного паруса будто вонзалась в корму: она обдала холодом сердце русских. Жестяная труба загремела: "Boat - ahoo! Strike your colour[90].

Руки отнялись у бедняжек. Уползти не было возможности. Оружия у них один дробовик да два топора. Между тем куттер напирал все ближе и ближе, заслоня собою ветер.

- Down with your rags![91] - кликнула снова труба. Put the helm up, damn![92] Strike, or I'll run over and sink you![93] - С этим словом куттер начал приводить к ветру, чтобы дать действовать артиллерии. Савелий очень хорошо знал в чем дело. Он ясно видел, что англичанин мог пустить его ко дну ядрами или ударом водореза; но он был оглушен мыслию неволи и разоренья, - и когда же? - в самом разгаре надежд, в самом цвету счастья! Он пришел в ярость, вообразив, что все его достояние, все его потомство в фунтиках, в узелках, в тюках, в рогожках погребется в брюхе разбойничьего судна; что вместо объятий Катерины Петровны ожидают его линьки[94] боцмана, вместо матушки-Руси какой-нибудь блокшиф[95], исправляющий должность тюрьмы! Ретивое вспыхнуло: он схватил заржавелый дробовик и бац - прямо в борт куттера!

---

[87] Касьянов день - 29 февраля. Христианский святой Касьян, по поверьям, имеет недобрый взгляд, в отличие от святого Николая.

[88] Куттер - катер.

[89] Гик - вращающееся рангоутное дерево, упирающееся в мачту, растягивающее нижнюю кромку паруса.

[90] бот! сдайся".

[91] Долой ваши тряпки!

[92] Руль на борт, черт возьми!

[93] Сдайся, или я перееду и потоплю тебя!

[94] Линь - тонкая веревка.

[95] Старый корабль, без вооружения, в порте стоящий.

- Fire! (Пали!) - раздалось на нем.

Пламя канонады брызнуло по головам русских, и цепное ядро срезало обе мачты. Павшие паруса накрыли карбас, и, прежде чем наши выбились из-под этой сети, шестеро вооруженных матросов вскочили в судно и перевязали их. Сопротивление было бы безумством. Судьба свершилась. Савелий со всей своею командою - военнопленный; его карбас вместе с грузом - добыча английского капера, признанного в этом достопочтенном звании правительством и снабженного от него письменным видом, lettre de marque, и чугунными ядрами для законного грабежа врагов Великобритании.

Давно уже, и много, и красно писали гг. публицисты противу корсарства, приватирства[96], пиратства, каперства, или просто-напросто морского разбоя, прикрытого флагом; но как такую песню запевали всегда те, которые не могли сами грабить, а не те, которые смели грабить, то все совещания ученых и обиженных кончались обыкновенно как совет мышей - не находили молодца, который бы привязал колокольчик на шею кошке, Англии. Забавнее всего, что Наполеон, который не признавал никаких прав, кроме тех, что мотаются как темляк[97] на шпаге, - Наполеон, который, где только мог, изъяснялся диалектикою двадцатичетырехфунтового калибра, унизился до смиренной прозы, толкуя о каперах. Он очень серьезно и остроумно доказывал, что морское народное право - вовсе не право; что не сходно ни с европейскими нравами, ни с понятиями века грабить и полонить беззащитных купцов враждебной нации на море точно так же, как частную собственность мирных граждан на берегу; что, платя за съестные припасы поселянину и сохраняя жизнь, свободу и имущество даже в городе, взятом в бою, не бесчеловечно ли, не унизительно ли отнимать то, и другое, и третье, как скоро оно на корабле? Неужели соленая вода до того изменяет краску понятий, что презрительное и беззаконное на суше становится на море похвальным и законным? Приговаривался он, что каперы и крейсеры должны ограничиваться лишь осмотром купеческих судов и конфискациею одних военных снарядов. Англичане говорили, что это весьма справедливо, и не переставали забирать, ловить, грабить все французские и союзные Франции суда.

После Тильзитского мира очередь упала и на нас, грешных. Мы принялись сосать свеклу, уверяя себя, что это сахар, и за тридорого одеваться в дрянное сукно, сотканное на континентальной системе. Зато мы точили тогда свои непокупные и неподкупные штыки и вместо кофе пили надежду близкой мести. Она разразилась 1812 годом. Но так или

---

[96] Приватирство - морской разбой.

[97] Темляк - петля из ремня на рукоятке шпаги.

сяк, а Савелий Никитич пленник. Англичане, как всем известно, народ ласковый, приветливый, до того, что на боках его и его товарищей напечаталось не один параграф морского права, покуда оно переселилось на палубу его великобританского величества, эту плавучую почву habeas corpus[98], ступив на которую, каждый чужеземец пользуется неограниченной свободою носить свой нос по будням и праздникам невозбранно. Мы видели, как поступили они с Наполеоном, который имел простоту отдаться добровольно их гостеприимству и великодушию; можете судить, каково приняли они русских мещан, дерзнувших убегать от их правоты и даже ранить дробью в нос дубовый куттер под флагом Георга III[99]. Le cas etait pendable - это висельный случай, как говорят французы, и Савелью наверно бы досталось проплясать джиг[100] под концом реи, если б он попался английской дисциплине после обеда; но, к счастью, пленение карбаса произошло в первую бутылку дня[101], и потому капитан капера удовольствовал гнев свой, отпустив им на брата по дюжине образцовых браней, standart jurements - God damn your eyes! с придачею не в зачет нескольких: You scoundrels, ruffians и batbed dogs![102] Савелий и дядя Яков, которым английские приветствия приелись, как насущные сухари, находили это в порядке вещей. Но Алексей несколько раз пытал высвободить свою десницу из веревок, чтобы обратиться с ответом прямо к лицу капитанскому; Иван поплевывал вдвое чаще.

Но в сущности англичане не злой народ, и если вычесть из них подозрительность, грубость, нестерпимую гордость и гордую нетерпимость всего иноземного, вы найдете, что они самые любезные люди в свете. Сердце англичанина - кокосовый орех: надо топором прорубиться до ядра, но зато внутри не свищ, как у француза, а сок освежительный. По внешности он действует сообразно со своими угнетательными, корыстными, колониальными законами; дома - по душевному уставу. Таков был и краснощекий, толстопузый капитан Турнип, командир куттера, - груб с лица, радушен с подбою. Раздраженный сопротивлением ничтожной русской раковинки, он грубо принял гостей своих; но когда дело кончилось удачно, когда все тюки и

---

[98] Акт о неприкосновенности личности (лат.).

[99] Георг III (1738-1820) - английский король.

[100] Джиг (джига) - быстрый английский танец.

[101] В морских заморских романах, я чай, не раз случалось вам читать: "четвертая склянка", "осьмая склянка". Это мистификация; это попросту значит, что моряки хватили три бутылки, что они пьют уже восьмую. Часомерие это, самодвижное и самозвонное, весьма удобно и здорово: в полдень опрокидывают они все бутылки разом, и это называется: поверка хронометров. Ученое замечание.

[102] мошенники, бездельники, бородатые собаки!

бочонки перепрыгнули через борт в трюм его, когда и сама верхняя часть карбаса изрублена была на дрова, а днище отправилось ко дну, когда он взглянул на бумаги Савелья, ограбивши прежде все дочиста, - это по-судейски, люблю молодца за обычай, - и объявил, что карбас был законный приз, улыбка разутюжила сафьянное лицо его; нахмуренные брови раздались, расступились, и он, ласково ударив Савелья по плечу, бросил ему самое засмоленное из приветствий, расцветающих на палубе:

- Heave a head, boy, and never fear! (Подыми голову и ничего не бойся!)[103]

Савелий, по народному выражению, лихо насобачился говорить по-английски. Савелий был сердит, а потому без раздумья просунул ответ сквозь зубы на это ободрение английской работы:

- Бог тебя прокляни, морская собака, и пусть будет черт твоим флагманом! Не бойся? Да чего мне теперь бояться, когда ты ограбил меня до души.

- Never mind![104] - возразил с улыбкою Турнип.

Мысль о добыче отбила прочь досаду за брань.

- Скорее черт забудет взять твою душу, чем я забуду счастье, которое ты у меня отнял!

- Ах ты, неблагодарное двуногое! Разве не подарил я вам жизни и бочонка с квасом, с этим некрещеным напитком, без которого ни один русский не может существовать? Разве я этого не сделал? Watch, boy, did I not?[105]

- Ты мне жизнь и квас сделал хуже уксусу. Не потчуй меня такою обглоданною жизнию. Я не собака, чтобы прыгать на цепи и лизать плеть твою. Утопил ты мой карбас, утопи же и меня.

- Если утопить тебя в море, оно сделает из тебя солонину рыбам: тебя жаль! Если б утопить тебя в водке, она превратится в настойку глупости: водки жаль! Ты, приятель, лихой моряк, когда пускаешься по морю в табакерке: я не могу запретить себе уважать такую отвагу. Ну, скажи, за что ты сердишься? Будь ты сильнее меня, ты сделал бы то же со мною, что я с тобой! Не лучше ли будет прохладить твою горячку, выливши на тебя ведро холодной воды, и утопить твое горе, вливши в тебя стакана два рому?

Хмель - чудесная смазка для удовольствия и горя: он так же плотно лепит к сердцу расписанный изразец первого, как зубристый булыжник второго. Савелий долго отнекивался пить, отталкивал приветно

---

[103] Heave a head - в морском значении почти то же, что у нас: по местам! смирно! - то есть будьте внимательны, слушайте.

[104] Забудь это!

[105] Разве нет, мальчик? (англ.)

подлетающий к губам его стакан с жидким забвением; наконец глотнул, морщась; еще и еще разик, и вот, с каждым глотком, горе его таяло, как сахар в пунше, и наконец он подумал: "Покуда сам жив, счастье не умерло!" И он весело взглянул на божий свет, будто выбирая, с которого края начать его. Он отломил каждому из своих товарищей по кусочку собственной бодрости и протянул к капитану руку.

- Так бы давно! - сказал тот. - Будьте смирны да работайте, так на нас жаловаться не станете. Даст бог, русские подымутся с нами заодно против этого разбойника, Бонапарта, и тогда вы опять увидитесь с своей родиной. Она хоть и ледяная, а все до тех пор не растает!..

"А Катерина Петровна? - подумал Савелий со вздохом. - Женщины тают скорее снегу".

Капитан окунул свои руки в карманы и пустился ходить по палубе. Может быть, и он думал о своей Фанни.

Капитан этот служил сперва на ост-индских кораблях - на индейцах, Indianen, как выражаются англичане. Потом состоял он на полужалованье; потом ему отказали и в этом за долгую неявку. Он, изволите видеть, рассудил, что лучше есть пряности и сладости, чем перевозить их с берегов Ганга, и женился. Тут он узнал, однако ж, что вся сладость супружеского чина состоит в картофеле и куске говядины. Это так его тронуло, что он с горя потолстел, а для рассеяния и барышей пустился в торговлю. Коварная стихия, то есть море, а не жена его, однако ж, не сманила бы его самого с берега, если б несчастным случаем часть его имущества в товарах не попалась в руки французскому каперу. С этой минуты он от собственного лица объявил войну Наполеону и, движим любовью к отечеству и к своему карману, решился вознаградить убыток тем же путем, каким он пришел к нему. Оснастил он небольшое одномачтовое судно, нанял экипаж, купил себе четыре пушчонки, ведь в Англии они продаются на толкучем рынке, и подчас вы можете купить целую батарею у носячего, - испросил у правительства билет на представление войны в миньятюре и пустился пенить море. Ему удалось в Канаде захватить какой-то бот с контрабандою да несколько несчастных рыбачьих лодок. Это его произвело в собственном мнении в герои красного флага[106], и он, заслышав, что снаряжается небольшая эскадра в Ледовитое море для поисков над шведами и русскими, решился идти вслед за нею, как чакалка за тигром. Он расчел, что шведские китоловы и русские мещане ему по силам более, чем французские корсары, и что, врасплох нападая, скорей можно поживиться добычей. Он снялся с якоря и обогнул Норвегию вместе с королевскою флотилиею.

---

[106] ...герои красного флота... - корсары, морские разбойники; во времена римлян и позднее разъезжали в судах, украшенных в пурпур и золото.

Разрыв России с Англиею в угоду Наполеону хотя и не был искренним с обеих сторон, однако ж все моря, которые считают англичане своими столбовыми и проселочными дорогами, high-ways and by-ways, были замкнуты для нас живою цепью кораблей. Крейсеры их шныхарили в Балтийском море и в 1811 году показались в Белом море, с набожным намерением разграбить Соловецкий монастырь. Сведав, однако, что там усилены гарнизон и артиллерия, они не посмели на приступ и возвратились. Один только бриг проник до самой Колы[107], однако ж спешил улизнуть оттуда с небольшою добычею за добра ума, когда был застигнут бурею, разлучен со своим флагманом и наткнулся на карбас Савелья. Теперь он правил бег свой восвояси, и уже три дни протекло со дня пленения карбаса. В эти три дни капитан Турнип обжился с новобранцами своими. Капитан Турнип был неплохой моряк по знанию моря, но очень плохой по своей лености. Женатая жизнь избаловала его: неохотно расставался он с застольем и постелью. Крутой пудинг и мягкая подушка были для него, разумеется, с примесью мадеры и грога, первым блаженством мира: он не мог вообразить идолов иначе как в виде соусника, бутылки или пуховика. Вследствие сего он гораздо более любил проводить время в уютной каюте своей, чем на палубе. Что же делать, милостивые государи! Он привык к домовитой, к порядочной жизни: он был человек женатый.

Впрочем, наш холостой XIX век также прихотлив, будто женатый вельможа. Comfort[108] - надпись его щита. Правда, он выдумал для неприятелей паровые пушки, для приятелей дрожки без одолжения; зато выдумал и сиденье сзади коляски для слуг, тротуары для пешеходов, ошейники с рессорами для собак, резиновые корсеты для красавиц, непромокаемые плащи для воинов, суп из костей для бедных, для богатых нетленный суп, который выдержит потоп, не потерявши вкусу, выдумал жаровню, которая жарит бифштекс в кармане, и ватерклозеты для спален. Выдумал он... Да чего он не выдумал! Все - от машины растирать камни в пузыре до французской бритвы, гильотины, которая вам снимает голову так легко и скоро, что вы не успеете чихнуть, и до многих других этого рода усовершений. Скажите, можно ли быть заботливее, предупредительнее нашего века? Не хотите ли вы мне говорить про солнце старинное, про нестареющую природу, про наслаждение бивуаков, про здоровье гнилых сухарей и приятности грязного белья?.. Вздор, сударь! Я люблю искусства и промышленность. Я хочу жить и умереть при свете газовых ламп, на тюфяке, набитом благовонным воздухом, в

---

[107] Кола - город, расположенный на слиянии рек Кола и Тулома на Кольском полуострове (недалеко от Мурманска).
[108] Комфорт (англ).

перчатках с пружинами, с резинною спиною, с сердцем, не промокающим даже от слез. Я русский своего века, милостивый государь! Я люблю газеты и омнибусы... Я люблю comfort. Ваш покорнейший.

Капитан Турнип, как англичанин, который скорее бы согласился обнищить половину своих сограждан и зачумить другую, скорее, чем оставить пустыми свои благоустроенные тюрьмы и больницы, любил комфорт не менее моего и, по обыкновению своему, в третий вечер отправился на боковую, оставя рулевого за себя бодрствовать, а русских пленников спать на голых досках, под парусом вместо одеяла. Ночь была прелестна без метафоры. В самом деле, ночи севера очаровательны: это день при лунном свете, это перелив зари вечерней в зарю утреннюю. Опаловые небеса чуть блещут звездочками, и, когда они роняют лучи свои в синие волны, резвушки волны ловят их, отнимают друг от друга, делят, дробят их искры, хотят затаить в своем зыбком хрустале и потом прыщутся ими игриво. Взор ваш далеко пронзает чистое небо, как будто усиливаясь прочесть высокую, божественную мысль, по нем разлитую, глубоко погружается в бездну моря, разгадывая дивную тайну, в нем погребенную. Вы скажете, что эти улетающие от взора небеса со своими алмазными цветами, со своей радугою вкруг месяца, с причудливыми образами облаков есть воображение, а море с ропотною пучиною своею, с обломками кораблекрушений, с каменистыми растениями, с трупами, с чудовищами на дне, с фосфорическим блеском сверху память человеческая?

Савелий не разгадывал ни мысли, ни тайн творения, но они совершались в нем без его ведома. Тоска по отчизне грызла его сердце, тоска, которую превзойдет разве час разлуки с жизнию. Выньте рыбу из воды, посадите птичку под воздушный насос и скажите им: "Живи!" Оторвите человека от отечества и потом дивитесь, что он чахнет, скучает. Не спалось Савелью на новоселье. Он тихо поднял голову...

Ветер был свеж, но ровен. Закрепленные паруса были вздуты; куттер, склонясь набок, шибко резал волны, и они рассыпались о грудь его серебряными колосьями. Всплески звучали мерным ладом, и струя, скользя вдоль боков, сливалась за рулем в завитки и нашептывала, напевала сон на все живое. Покорный этому призванию, рулевой дремал над румпелем и только повременно, по привычке ворчал: "Steady! Steady![109]" Трое вахтенных матросов храпели уже, прикорнув к сеткам; остальные все спали в койках, в своей каюте, внизу.

И вдруг огневая мысль выстрелила в голове Савелья и проструилась по всему его составу. Ему показалось, кто-то крикнул на ухо: "Овладей куттером!" Он толкнул дядю Якова: тот проснулся.

---

[109] Проворнее!

- Видишь ты? - сказал он шепотом, показывая на спящих англичан.

- Вижу, - отвечал Яков, оглядевшись.

- Хочешь ли ты свободы? - спросил Савелий.

- Хочешь ли ты смерти? - спросил, в свою очередь, Яков.

- Смерть - та же воля. Лучше умереть в шубе, чем голому жить. Лучше отдать свои кости божьему морю, нежели таскать их по чужой земле. Со мной, что ли, дядя Яков? Не то я один наделаю проказ, а в кандалы не дамся.

- Слушай, удалая голова: я не меньше тебя люблю матушку-Русь, я тебя не выдам. Только подумай - где мы и сколько нас?

Савелий указал ему на два люка, отверстия, ведущие под палубу, потом на ряды абордажных[110] орудий, висящих по сеткам, и что-то пошептал ему на ухо тихо, тихо.

- С богом! - произнес дядя Яков.

С двумя остальными русаками нечего было советоваться: им стоило только велеть, и они готовы в пыл и в омут. Савелий подобрался к борту, отцепил топор и прямо пошел к рулевому. Тот вполглаза взглянул на него, подернул штуртрос[111] и пробормотал свое: "Steady! Steady!" Оно было последним. Савелий разнес ему череп до плеч; несчастный упал через румпель безмолвен, и кровь рекой полилась по палубе. Трое русских схватили одного спящего англичанина и перебросили его через борт в море. Но двое остальных англичан проснулись от шуму, схватились бороться и, только раненные, уступили силе. Голодная пучина с шумом приняла их в свое лоно, но не вдруг поглотила их. Жалобный, пронзительный крик то возникал, то смолкал над волнами, и наконец все слилось в молчание могилы, в тихий говор моря. Между тем смертный клик борьбы всполошил осьмерых матросов, спящих внизу; но русские успели уже надвинуть на отверстия решетчатые крышки и закрепить их сверху болтами. Едва англичане осмеливались попытаться поднять кровлю своей западни, три заряженных мушкетона отпугивали их прочь. Люк в каюту капитана был также заколочен прежде, чем он отряс с ресниц своих сон, утренний мадерою.

- Бой! - закричал он грозно, услышав необычайную суматоху на палубе. Бой! - повторил он с приложением сотни браней; но бой не являлся, хотя заклинания капитанские могли бы вызвать всех чертей из ада. Бедняга, мальчик лет двенадцати, вестовой капитана, был лишен на этот раз неизбежного пинка, служившего знаком восклицания звательному падежу - бой! Он давал ему невероятную быстроту движений. "Бой, принеси бутылку! Бой, кликни боцмана!" - и пинок в зад,

---

[110] Абордаж - сцепка судов для рукопашной схватки.

[111] Веревка, управляющая рулем.

и он взлетал по лестнице соколом. Да! пинок есть первая буква английской дисциплины, которой последняя - петля на конце реи.

Видя, что бой нейдет за получением своей порции, капитан в гневе вскочил с постели и кинулся к дверям; они были заперты.

- Что это значит?! - вскричал он, потрясая задвижками.

- Это значит, что ты мой пленник, - отвечал Савелий сквозь люк. Половина твоих людей в море; другая забита в палубе. Сдайся!

- Чтобы я, лейтенант королевской службы, сдался бородачу? Никогда! Ни за что! Я пробуравлю дно и потоплю тебя! - кричал Турнип.

- Я зажгу судно и взорву тебя на воздух, - возразил Савелий.

Но судно не было ни потоплено, ни сожжено. Оно было только обращено назад и тем же полуветром бежало к Руси. Савелий правил рулем и надзирал над капитанским люком. Двое других стояли на часах, при люке матросской каюты, одному позволялось спать. Все они были обвешаны оружием. Тяжко бы им было управляться с парусами, если бы ветер переменился или скрепчал: но он дул ровно и постоянно, и Алексей, весело поглядывая вперед, охорашивался и говорил: "Знай наших!" Тишина прерывалась только порой бранью запертых в клетке англичан да заклинаниями капитана. Наконец и он умолк. Как истинный философ, он, приняв тройной заряд рому, заснул, поверженный, но не побежденный.

На другой день русские сделали печальное открытие, что у них нет ни крошки сухаря: все съестное хранилось внизу. Победители могли умереть с голоду прежде, чем добежать до берега. Англичане не сдавались и не давали ничего. К счастью, случай уравновесил бедствие обеих воинствующих наций. Англичане незадолго выкатили на палубу остальные бочки с водою, для помещения под кровлю нежной добычи. Начались переговоры.

- Дайте нам хлеба! - говорили русские.

- Дайте нам воды! - говорили англичане.

- Не дадим, - отвечали англичане, - покуда вы нас не выпустите.

- Не дадим, - отвечали русские, - сдайтесь.

И парламентеры расходились от люка.

Но голод и жажда уладили перемирие. Народное честолюбие замолкло перед воплем желудка: мена учредилась. За каждый кусок сухаря и солонины, данный в обрез, отмеривались кружки воды на полжажды.

- Я бы желал, чтоб ты подавился этим куском! - говорил капитан, просовывая олений язык сквозь отверстие люка.

- Я бы желал, чтоб ты век пил одну воду! - говорил Савелий, подавая ему мерку не винной влаги. - Авось бы ты с этого поста поумнел!

- Ты разбойник! - ворчал капитан.

- Я твой ученик, - возражал Савелий, - утешься! Я сделал с тобой то же самое, что сделал бы ты со мной, если б был сильнее. Разве это не твои слова?

Капитан говорил, что ничего в свете нет глупее таких утешений.

Куттер плыл да плыл к Руси.

Куттер этот был забавное и небывалое явление в политике. Это не было уже status in statu[112], но status super statum[113], государством верхом на государстве, - победители без побежденных и побежденные, не признающие победителей; это было два яруса[114] вавилонского столпа, спущенные на воду. Внизу ревели: "Да здравствует Георг III навечно!" Вверху кричали: "Ура батюшке царю Александру Павловичу!" Английские годдемы и русские непечатные побранки встречались на лету. Это, однако ж, не мешало куттеру бежать по десяти узлов в час, и вот завидели наши низменный берег родины, и вот с полным приливом, с полным ветром вбежал он в устье Двины, не отвечая на спросы брандвахты, несмотря на бой бара. Савелий не хотел медлить ни минуты и, зная, что ему простят все упущения форм, катил без всякого флага вверх по реке. Таможенные и брандвахтенские катера, задержанные баром, выбились из сил, преследуя его. Таможня к брандвахта сошли с ума: ну что, если этот сумасброд - англичанин! ну что, если он вздумает бомбардировать Соломболу[115], сжечь корабли, спалить город. Конные объездчики поскакали стремглав в Архангельск, и тревога распространилась по всему берегу прежде, чем призовой куттер показался.

Вооруженная шлюпка, однако ж, встретила его на дороге, опросила, поздравила, и суматоха опасений превратилась в суматоху радости. Прежде чем снежный ком докатился до Архангельска, он вырос в гору. Все кумушки, накинув на плечи епанечки, бегали от ворот к воротам - время ли на двор заглядывать! - и рассказывали, что их роденька (тут все стали ему роднею), Савелий Никитич, напал на стопушечный английский корабль, рассыпался во все стороны, окружил его своим карбасом, вырвал руль собственными руками и давай тузить англичан направо и налево; принуждены были сдаться, супостаты! Теперь он ведет его сюда на показ! Все ахали, все спрашивали, все рассказывали чепуху; никто не знал правды.

Громкое "ура" с набережной встретило приближающийся куттер; шапки летели в воздух, чеботы в воду; в порыве народной гордости народ толкал друг друга локтями и коленями. Всякий продирался вперед, все

---

[112] государство в государстве (лат.).

[113] государство над государством (лат.).

[114] ...два яруса вавилонского столпа... - Вавилонское столпотворение - по библейскому мифу, попытка построить в Вавилоне башню до небес.

[115] Соломбол (Соломбал) - остров в устье Северной Двины.

хотели первые поглядеть на удалого земляка. Савелий чуть не рехнулся: он бегал по палубе, обнимал своих сподвижников, стучался в двери Турнипа.

- Сдайся! - кричал он. - Мы уж в Архангельске.

- Не сдамся бородачу! - отвечал тот.

Когда причалили и бросили сходень, губернатор первый встретил Савелья, прижал к груди, назвал молодцом. Сердце закатилось у Савелья с радости, слезы брызнули из глаз его.

- Ваше превосходительство!.. - отвечал он. - Ваше превосходительство... я русский.

Капитан Турнип преважно сошел на берег, вручил губернатору свой кортик и отправился под прикрытием в город, напевая:

Rule, Britania, the waves![116]

Все смеялись.

Нужно ли досказывать? Савелий не поехал в Соловки: он пошел в церковь со своею милою Катериною Петровной. Государь император, узнав о подвиге Никитина, напоминавшем подвиг Долгорукого[117] при Петре, прислал архангельскому герою знак военного ордена и приказал продать в пользу его с товарищами груз призового капера.

Это не выдумка, Савелий Никитин жив до сих пор, уважаем до сих пор; и если вы встретите в Архангельске бодрого человека лет пятидесяти, в русском кафтане, с георгиевским крестом на груди, - поклонитесь ему: это Савелий Никитин.

РОМАН В СЕМИ ПИСЬМАХ

I had a dream that was not all a dream.
Byron[118]

---

[116] Владей, Британия, морями!

[117] ...подвиг Долгорукого при Петре... - Долгоруков Яков Федорович (1639-1720) - государственный деятель при Петре I; в битве под Нарвой в 1700 г. был взят в плен шведами; в 1711 г. вместе с товарищами захватил шхуну и приплыл в Таллинн (Ревель).

[118] Я видел сон... не все в нем было сном.- Байрон (англ.).

ПИСЬМО ПЕРВОЕ

Ах, как она мила, Жорж, как она мила! Я уверен, что, если б ты увидел очаровательницу Адель в ее кабинете, где и зимой раскинулись цветники, где всякая безделка льстит глазу и заговаривает воображению; когда б ты взглянул на нее, одетую в легкое платье, окруженную благовонного розовою атмосферою, веющею с кассолета: ты бы назвал ее воздушною полубогинею Пери, порхающею в испарении цветов; и каждое ее слово - поэзия, каждый взор облечен в мысль. Не шутя, любезный друг, я боюсь, чтобы твое предсказание не сбылось, то есть чтобы мне не влюбиться в самом деле. Я впервые теперь начинаю чувствовать, что мундир мне узок в груди, - а это плохая примета для сердечного здоровья. Впрочем, я хоть и нередко вижу ее во сне, но сплю так спокойно, что еще сегодня опоздал на проездку. А на прошедшем бале, когда мне случилось сидеть против Адели за ужином, мой аппетит был в разительной противоположности с влюбленными моими взорами; и я не раз прятался за вазы с цветами, чтобы под приютною их тенью скрыть обломки пастета или остов рябчика. Я вижу, что ты, улыбаясь, произносишь уже свой приговор, будто эта склонность принадлежит к числу еженедельных офицерских страстей, которые загораются от шарканья во французском кадриле и тухнут в вихре двух или трех котильонов. Признаться, и от одного зевательного случалось мне не однажды разлюблять некоторых красавиц, на взгляд милых, как радость: не удержите иную - и, кажется, она улетит; взглянет - вы таете; отворит ли прелестный ротик свой - зажмете уши… Но такой пример не идет к Адели, - с нею, не скучая, можно провертеться около земного шара, так она умна и любезна. "Все это занимательно и прелестно, - скажешь ты, - но разве эта девица особенно благосклонна к тебе, что ты посвятился в ее рыцари? Разве?.." Сделай милость, не докучай такими вопросами; я и сам не знаю, как это сделалось, и никак не уверен в ее взаимности. Ты знаешь, до какой умертвительной холодности дошло здесь обращение, до какого утомительного единообразия доведен разговор; притом везде тысячи глаз, которые не близоруки только для критики, и столько же ушей, чтобы на полете ловить полуслова и составлять из них целые басни; а потому, подобно всем влюбленным, скажу: мне кажется… я надеюсь, - и только. Без сомнения, самолюбие обманывает нас часто и горько; толкует в свою пользу каждое словцо и нередко записывает на свой счет взгляды, к другому посланные; но… но или она слишком ко всем чувствительна, или я настоящий глупец, если ошибся.

S.

ПИСЬМО ВТОРОЕ

(месяц спустя)

Адель любит меня! Когда б ты, Жорж, был здесь, я бы выкупал тебя в шампанском на такой радости! Вообрази, она носит мой любимый цвет, поручила мне выбор романов для чтения и учит наизусть отмеченные мною места, и, словом, множество безделиц, видных и важных только влюбленным, изменяют ее тайне, льстя моему самолюбию. Конечно, ты можешь сказать: "Она носит твой цвет - это значит, что она любит его, а не тебя; она полагается на твой выбор в словесности, из этого я вижу, что ваши вкусы сходны; но из чего же следует, что взаимны ваши склонности?" Пусть это так, друг мой, но если б ты видел ее радость при нечаянном возврате моем из курьерской поездки, - ее румянец, изменивший внутреннему волнению, если б чувствовал прерывающееся ее дыхание - ты бы сознался, что до такой степени не достигает никакое притворство. А я примолвлю, что с той минуты она мне стала милее всех и всего дороже, и ни одна женщина, кроме ее, не будет любима мною, доколе бьется в моей груди маятник жизни. О, как часто летаю я ныне, танцуя с нею, от бального паркета за седьмое хрустальное небо. Всё, кроме ее, исчезает для меня; все мелькают перед глазами, будто китайские тени, и я в каком-то сладостном восторге дышу упоительною атмосферою. Можешь догадаться, что я не пропускаю ни одного случая танцевать с нею, - и я счастлив. Ты напрасно не любишь балов: без этой благодетельной выдумки наши девушки умерли бы от скуки посреди праздников и увеселений своих, потому что в театре у нас едва кланяются знакомым, а на вечерах прекрасный и непрекрасный пол зевают особенно. Мудрено ли же после этого, что девушки страстно любят балы и танцы как средства избавиться от скучного надзора и вечного молчания? Там одна желает блеснуть бирюзами, другая - бирюзовыми глазками, третья - показать прекрасную ножку, иная - ловкость в новом парижском па, а все - увидеть и дружески позлословить друг друга. Все довольны, любопытство удовлетворено, тщеславие находит пищу, сердце бьется сильнее, и под шумок котильона (танца, которого изобретение я ставлю наравне с паровою машиною, компасом и летанием по воздуху) речи льются, улыбки расцветают - и вот красавице снятся эполеты суженого, - а там и кольца, как в руку сон. Завтра же, не далее как завтра, буду я танцевать котильон с нею, и, прости мое ребячество... мне уже воображается, будто я собираюсь на бал, верчусь перед зеркалом, рву с нетерпением перчатки... минуты длятся, часы стоят - кажется, век не придет пора! Но вот бьет десять - я кричу: "Пошел к князю Г.", и в карете качусь, выдумывая фразы, которых не удастся высказать. Но вот приехали… подножка падает - и я прыгаю на лестницу, унизанную дремлющими лакеями, два шага - и я в передней зале, оправляю волосы, осматриваю пуговки и крючки и с трепещущим сердцем, но спокойным лицом вхожу в танцевальную залу, где музыка гремит и всё горит, всё блещет. Кланяюсь хозяйке, прошу кого-нибудь, чтобы мне указали хозяина, - и наконец даю волю глазам искать ту, которая одушевляет для меня бал и единственно для кого я ринулся в вихрь света. Взор мой перепрыгивает через перья и цветы - скользит мимо шалей и блонд, блуждает, можно сказать, в цветнике красот - и нет ее!.. Вот, кажется, ее стан, ее походка… но сердце безмолвно; это не она… но там далее… О, я ее увижу, я ее увижу!

S.

ПИСЬМО ТРЕТЬЕ

(чрез две недели)

Что я напишу ей в альбом? Что я могу ей написать? Видно, неприязненный дух нашептал Адели это желание. Когда я спросил ее: "На каком языке должно написать?" - "На языке истины", - отвечала она. На языке истины! Как легко это сказать, как легко можно бы и выполнить, но терпят ли в свете правду и осмелюсь ли сказать: "Адель, я люблю вас"? Но я не люблю павлиниться чужими чувствами, я ненавижу все воздушные комплименты, на розовом масле замешенные, все эти мгновенные следы людского ничтожества. Притом по-русски писать красно меня не учили, а я слишком горд, чтобы изъясняться на языке чуждом, и Адель так любит родину, что ей это не может понравиться. Научи, Жорж, что делать? Ты исписался и печатался; твои стихи горели и на папильотках красавицы и над трубкою гусара. Но для меня тесен, холоден наш язык, когда нужно выразить кипящие страсти и радужные их изменения. О, для чего не могу я создать огненного наречия для своей пламенной любви, или зачем не могу я любить обыкновенно, как другие! Зачем кровь, а не молоко течет в моих жилах! Зачем, например, не похож я на этих молодчиков, которых везде видят и никто не помнит, которые всем заняты и собой предовольны, или на товарища моего Форста, который набожно вдыхает в себя флегму предков из наследственной трубки и, чтобы влюбиться классически, ждет ротмистрского чина? С таким расположением духа я бы написал или списал в альбом Адели какую-нибудь глупость и заснул бы после этого с самодовольными мечтами. - Но теперь совсем иное: все мои мысли растопились в чувстве, все чувства слились в одну страсть... я теперь весь - сердце. Будь моей головою, Жорж, разбуди во мне хоть одну искру ума. - Написать ново - не умею, пустяков марать не хочу, а правду высказать нельзя!!

S.

ПИСЬМО ЧЕТВЕРТОЕ

(полтора месяца спустя)

Друг! Я получил письмо твое, я приложил к сердцу твои советы; они очень справедливы, но до того холодны, что от них можно простудиться. Ты рассматриваешь любовь сквозь микроскоп философии, как насекомое; между тем как ты бы должен был оторвать ее от моего сердца, как змею; ты хочешь набросить на нее покров смешного, когда она стала уже гибельна для друга твоего. Ах! все сильнейшие средства, все чувствительнейшие укоры не помогли мне вырвать из души своей впившуюся в нее страсть!

Ты знаешь, Жорж, уступал ли я враждующей судьбе. Как же теперь подумать мог, будто я без борьбы отдался в плен любви? Нет, конечно, нет. Я строг к своим слабостям, я судил и удерживал себя, - но мой черед пришел - я падаю пред сокрушительною прелестью скудельного творения. О, как горько идти мне по широкому выгону воздыхателей, над которыми я всегда насмехался и которых названия страшился наравне с именем труса. Как стыдил я самого себя, что мужчина, солдат, не переводя дыхания, ждет одного ласкового слова, с трепетом ловит каждый взор девушки, губит время и забывает службу в пустых надеждах, в ничтожных игрушках любви! - Как злобно высчитывало мне честолюбие все потери, неразлучные с супружескими видами. В мои лета, с кипящим здоровьем, с решительностью, с кой-какими военными познаниями - заключить свое поприще детскою комнатою, ржаветь в бездействии, заживо обречь себя забвению, чтобы в то время, когда товарищи будут рвать лавры, мне стричь мериносов и вписывать свое имя не в книгу веков, а в женины векселя!! Это ужасно, Жорж, и тем ужаснее, что оно бесполезно. Влюбленное сердце перемогло честолюбивую душу, и с тайными слезами я продаю свободу свою за безнадежное счастие. Завидна участь пловца, который тонет сонный, - но я вижу, куда стремлюсь, и не имею сил остановиться: любовь к Адели поглотила все мои способности - я ничего не могу читать, нет другой мысли, кроме о ней, нет другого

146

занятия, кроме страсти к ней. - Спеши ко мне, друг мой, спаси меня от самого меня!

S.

ПИСЬМО ПЯТОЕ

(чрез неделю)

Нет! я не из тех людей, над которыми смеются безнаказанно. Мне кровавыми слезами заплатит она за обман, если сбудутся мои подозрения… и соперник мой скорее обручится с смертною пулею, чем с Аделью. Но меня спросят, какое право имею я требовать отчета в склонностях Адели? Какие обязанности имеет она быть мне верною?.. О, конечно, никаких, если дело идет о наружных приличиях; но все возможные, все священнейшие, если добровольное слово есть закон для душ благородных. Я не обольщал ее притворством, не скрывал своего бурного характера, казался не таким, как должно быть, не таким, как желал бы казаться, но каков был в самом деле. Впрочем, эта неверность, может быть, есть создание моей ревности… одно желание нравиться!.. О, слабое сердце! жаждешь обмануться, чтобы не найти обмана в сердце Адели, - и конечно, я долго обманывал сам себя, но не меня обманывать другим!! Нет, моя участь решена. Разве не видел я ее замешательства, когда мы сходились с Эрастом вместе? разве не ощущал принужденности ее ответов и отчуждения? разве не заметил, как прокралась слеза на длинную ее ресницу при вести, что он упал с коня?.. Сперва, принимая с холодностию приветы молодых людей, она давала мне заметить, что это для меня; теперь мы сменялись местами с Эрастом. Правда, он благородный человек; любезен, мил… но разве все, что любезнее или красивее меня, должно пленять ее внимание? Почему ж для меня не существует пола с тех пор, как я люблю ее? Почему ж я лишь для нее имею сердце, глаза и дар слова? Только ею, только для ней живу!

Он, кажется, ищет моей дружбы, кажется, он и жалеет меня!.. Какая обидная дерзость; я бы жалок стал самому себе, если б нуждался в сожалении моих врагов. Ненавидим или любим хочу я быть, ему не дружбы, а гибели моей искать должно! Жестоки жгучие мучения ревности: в солнце нет для меня отрады, и у ночи не вымолю я сна; ад во мне и вокруг меня.

Но если она в самом деле любит его? Тем хуже для них: я ли потерплю, чтобы он с усмешкою повел под венец ту, в которой любил я жизнь?

147

Чтобы предпочтенный мне унижал меня своими к ней ласками, чтобы гордость моя ежеминутно язвилась двузначными взглядами, чтобы я стал баснею города... чтоб меня произвели в неудачные женихи? Нет, этого не будет! Я или он должен кровию своею связать союз соперника с Аделью, - далее что будет, то будет, но во всяком случае лучше жить памятью мести, чем иссыхать от мук ревности.

S.

ПИСЬМО ШЕСТОЕ

(чрез неделю)

Кончено. Через полчаса я стреляюсь с Эрастом - и насмерть: причину к тому найти было не мудрено. Жаль, Жорж, что тебя нет здесь, - мне бы многое нужно тебе высказать; но желание не ковер-самолет, и потому я за глаза душевно благодарю тебя за твою нежную ко мне дружбу. Мало таких людей, как ты, и едва ли есть подобные друзья; я любил тебя, много любил!.. Слеза, которая упала теперь на письмо, вероятно, есть последняя жертва дружеству... - Завещаю тебе одну священную вещь - свою любовь к родине; живи для ней! Я сожалею лишь о том, что не для нее умру. Говорю, умру, потому что я решился ждать выстрела... я его обидел. К родным я написал — утешь их; оставляю своего Ивана - призри его. Если увидишь Адель, когда меня не станет, скажи ей, что я любил ее - и никого не мог ненавидеть. Секунданты здесь, пули пригнаны, пистолеты готовы; я еду - прости!

S.

ПИСЬМО СЕДЬМОЕ

(четыре дни после)

Я убил его, убил этого благородного, великодушного человека! Как он уговаривал меня, сколько жертв приносил моему счастию и своей чести, - я был неколебим: ложное честолюбие окаменило мое сердце, и слепая судьба влекла на убийство, на злодейство. Как не послушался я внутреннего голоса, меня обвинявшего! Да! так... и эта душевная тоска, залегшая на сердце накануне, разве не была отголоском будущих угрызений? И совершилось! Мы близились с двадцати шагов, я шел твердо, но без всякой мысли, без всякого намерения: скрытые в глубине души чувства совсем омрачили мой разум. На шести шагах, не знаю отчего, не знаю как, давнул я роковой шнеллер - и выстрел раздался в моем сердце!.. Я видел, как Эраст вздрогнул... Когда пронесло дым - он уже лежал на снегу, и хлынувшая из раны кровь, шипя, в нем застывала. Удалите, удалите от глаз моих эту картину, сдвиньте с сердца о ней воспоминание! Я кинулся к нему... он отходил... взглянул на меня без гнева, подал мне руку, прижал к устам ленту, которая навязана была у него на руке, - это был пояс Адели. "Адель!.." - произнес он тихо, и свет выкатился из очей - слушаем... пульс молчит; подносим к устам сабельную полосу - нет следов дыхания: он умер!

Сколько раз я слышал это слово равнодушно, но тогда этот звук голоса - как гора на меня обрушился. И забвении стоял я над хладным трупом Эраста и напрасно припоминал, за что убил его. Я чувствовал свое преступление и не находил ему вины, и напрасно искал извинения в своей страсти - она как будто развеялась с выстрелом, будто застыла в крови соперника. Мне казалось, напротив, что я убил лучшего друга, любимейшего брата. Наконец ужасный пламень совести осветил мой разум: какое право имел я быть судиею между жизнию и смертию? Какое безумство было требовать, что ни от кого из нас не зависело! Можно ли повелевать сердцу; как можно было бы его не любить? И она любила его, и конечно была бы с ним счастлива: мой бешеный нрав не сходился с ее кротким нравом. Но я из зависти разорвал венок ее счастия; думал, что в страстном любовнике забудет она убийцу любезного и в моих кровавых объятиях любовь к другому. Если ж бы он убил меня, - то пусть бы страшные сны отравили покой их, и моя тень везде бы их преследовала!.. Несчастный! Я позабыл тогда о себе, я не знал, что, готовя месть ему, обрек себя на отчаяние.

Я уже на гауптвахте. Военный суд наряжен... жестокое и справедливое наказание ждет меня; но что значит все это, когда Божий перст на мне тяготеет!.. Теперь ночь - все дремлет кругом, но не спит червь моего сердца. День проходит в угрызениях совести; ночь населяет темноту страшилищами и... поверишь ли, друг: каждый стук, каждый оклик часового заставляет меня вздрагивать. Забываюсь ли утомленный - привидения бродят кругом постели и что-то шепчут мне на ухо. Засыпаю ль - и ужасные грезы волнуют сердце: роковой выстрел звучит, смертное стенание раздирает слух мой; то опять шепчущая тишина, то вдруг похоронное пение, надо мной стук заступа, мне душно, я вдыхаю могильную пыль... гробовая доска давит грудь... червяк ползет по лицу...

"Га!" - вскакиваю, и капли холодного пота мне чудятся каплями крови… О, кто избавит убийцу ненавистной жизни! Для чего мы не на войне… для чего не расстреляют меня!

БУДОЧНИК-ОРАТОР

Темна была ночь петербургская; хладен ветер осенний. Мелкий дождь рассыпался дробью, фонари чуть мелькали в тумане. Все было тихо по улицам - на башне Думы било двенадцать.

— Кто идет? — вскричал будочник. Ответа не было.

— Кто идет? — закричал он грознее мимоидущей бабе.

— Солдат! — отвечала она.

Будочник задумался.

В это время я сидел за письмами и, кончив деловые, принялся было писать к тебе, милый N.N.; но голова моя была пустее «Дамского журнала»; пальцы будто отморожены: ни одной мысли, никакой шутки не мог я выжать из пера, утомленного прозою жизни и очиненного совсем не на дружескую руку. Я бросил его и отворил окошко. Невский проспект, чуть озаренный фонарями, терялся во мраке на обе стороны. Прозаический дождик журчал по мостовой, и глухо звучали потоки его в жестяных трубах. Последняя карета промчалась гремя, и все опять смолкло. Где-где усталый звон шпор и бряканье палаша по тротуару доказывали, что идет кирасир с приказною книгой, или шарканье калош какого-нибудь штатного бостонщика биргерклуба возвещало возврат его домой. Будка стояла прямо под моим окном, и в охриплом голосе будочника узнал я старого знакомца: он каждый торжественный день, разнося повестку об иллюминации, заходил поздравлять меня с праздником, разумеется, в надежде получить на водку. В молодости своей он учился в семинарии и, кажется, не дурно, потому что до сих пор пересыпает рассказы свои латинскими цитатами; но, выгнанный оттуда за пьянство и шалости, попал в солдаты, был произведен в ундера, опять разжалован, и наконец, переходя или, лучше сказать, нисходя по всем степеням своего звания, из пожарной команды стал блюстителем общественного спокойствия. Комическая встреча его с хмельною старухою очень меня забавляла, когда на оклик: «Кто идет?» - она отвечала: «Солдат».

Будочник задумался.

— Солдат? — произнес он сомнительно.— Солдат? — повторил он с укором.— Не солдат ты, а барабанщик бесовского легиона, старая ведьма, прости Господи!

К чести будочника я могу засвидетельствовать, что при этих словах он сделал секирою на молитву и перекрестился. Между тем кумушка уплеталась, как дозволял ей избыток лет и вина. Скоро поворотила она в Морскую — и «скрылась от истории». Она скрылась, но неумышленно произнесенное ею слово взворошило все мысли моего мудреца в броне сермяжной. Он вытащил берестяную тавлинку, дернул за хвостик; крышка щелкнула, и он, классически переминая зеленчак между пальцами, начал нюхать, что называется, с расстановкою, ворча за каждым нюшком: «Солдат? Гм... гм... солдат!!» - так что я по разным ударениям его голоса мог угадать, какие мысли шевелились в стриженой его голове. Однако ж последний раз произнесен был так двоесмысленно и после него молчание длилось так долго... что я еще и теперь в недоумении, приписать ли это многосторонности зерновой идеи, наслаждению ли нюхания, которое в ту минуту могло проникнуть до самого перикраниума, или, наконец, винным парам, на время затмившим его память. Полагаю последнее мнение тем более вероятным, что наконец он вскрикнул «солдат!» так радостно, как будто нашел в кармане давно затерянный пятак. На этот раз роковое слово было вступлением следующей речи:

— Солдат! Боги бессмертные! женщина, слабая женщина дерзает назвать себя воином! Женщина — это подражание человеку или, лучше сказать, человек наизнанку; обреченная природою совершать свой орбит около домашнего очага или детской люльки, нося девять месяцев груз под сердцем и год на груди! Существо, предназначенное только производить, смеет самозванно облечься в высокое звание разрушать себе подобных, звание, требующее крепких сил души и тела, женам недоступных! Странная заносчивость, чудный антитезис! Не потому ли хотят они владеть копьем Марса, что Геркулес прял веретеном у ног Омфалы? Но орлам случается и ниже кур спущаться, говорит Крылов; однако ж курам не подняться наравне с орлами. Не станем пробегать царства, давно исчезнувшие и поднимать из гробов давно истлевшие кости. Знаю, конечно, знаю басенную историю или, лучше сказать, историческую басню об амазонках; слыхал и о деве Орлеанской, и о Гете и Висне-норманнках - но что это доказывает? Они явились как исключения, исчезли как невозможность. Что же касается до новейших героинь, как испанки в Сарагосе, как наши старостихи Василиса, Бабулина и проч.,- они действовали в горячке какой-нибудь страсти, и то на краткое время. Знаю, что они могут славно, умно повелевать, да иное дело повиноваться, и я приглашаю всех служак земного шара привести в дисциплину дюжину кумушек! Легче заставить молчать неприятельскую батарею, чем язык женщины, и если бы в женских рядах лопнула граната, начиненная для смеху лентами и бусами,- прощай служба и битва: все передрались бы между собою за стеклярус. Не говорю уже о хранении тайны: каждая наша амазонка готова была бы с часов бежать в цепь неприятельскую, чтоб иметь удовольствие рассказать там, первой, пароль и отзыв, именно потому, что это запрещено. Итак, пусть будут женщины губернаторами мужей губернаторов, пусть юрисконсульты ездят к ним nolens volens[119] на совещание; это водится нередко в свете, как слыхал я от забритых в солдаты слуг, да и сам испытал, будучи квартермистром: бывало, моя капитанша поверяла всю таблицу умножения на щеках моих за недочет какого-нибудь гарнца... Пусть будут они вечно, как всегда были, по словам поэтов, сокрытою виною всех войн, начиная с Троянской осады, при которой многие тысячи вероятных рогоносцев дрались за одного несомненного! Пусть женская подвязка служит наградою храбрости, лишь бы кофта не предводила мундирами. Пусть даже отличаются они в домашней войне, которая ведется от Ноева потопа до петербургского наводнения. Все мужья признаются, что они, не ведя войны, не имеют и мира. Свидетель тому моя покойная половина, не тем будь помянута: бывало, что твоя труба, как раскудахтается!.. Жаль бы мне было ее, если б не любила она чужих мужей и не била своего: окушалась блинов прошлую масленицу да и приказала долго жить, царство ей небесное!

После этого патетического эпизода он приостановился, вздохнул - потом крякнул и, выставя перед собой секиру перпендикулярно, в знак твердости и прямизны, продолжал:

— Одним словом, пусть будут жены стихотворцами, математиками, министрами, явно или под рукой, по праву или на деле — пусть будут, чем хотят,— только не солдатами. Уступаю им пальмы — но лавры принадлежат одним воинам! Не для них создано это прекраснейшее, благороднейшее и первейшее в государстве звание; все другие - средства,— оно есть цель народов... Без войны для чего плодились бы люди? Что бы мы делали в мирное время? Но положив даже (чего Боже меня сохрани), что cedant arma togae[120], что война есть болезнь и что люди созданы жить в мире,- из этого не выведем еще, что женщины способны для строю. Да и как могут быть они полезны войску, когда сам Великий Петр в артикуле своем запретил им на выстрел приближаться к лагерю, чтоб не вносить туда семян раздора и неги! В самом деле, когда подумаешь о терпении и подчиненности нашего солдата - о его бескорыстии, о его храбрости - он защищает отечество снаружи, охраняет

---

[119] волей-неволей (лат.).

[120] оружие уступит место правосудию (лат.).

его внутри, лезет в огонь очертя голову,- когда вообразишь неутомимость трудов его в походах и осадах, бесстрашие в битвах,- так уму чудно, а сердце радуется. С пудовым ранцем за плечами прыгает он на скалу и на стену, как серна, и с голодным брюхом дерется, как лев, на приступе! Нет для них гор непроходимых, нет крепостей неодолимых. Кто измерит их завоевания, сосчитает подвиги, оценит славу! Кто?

Мой Демосфен, вероятно, истощил бы весь запас тропов и фигур риторических и все общие места, из которых делал он эту окрошку, не исчерпав своего предмета; но шелест шагов заставил прервать речь о венце.

— Кто идет? — затянул он.

— Свой! — отвечал голос. Это был квартальный офицер.

— Все ли тут в порядке? — спросил он.

— Все благополучно! — отвечал будочник, вытянувшись.

— А зачем же у тебя в фонаре вместо четырех светилен горят только две? Отучу я вас воровать казенное масло в кашу.

— Никак нет, ваше благородие, ветром задуло.

— То-то ветром! подливай масла, чтоб не гасло. Кликни сюда подчаска.

Другой будочник вылез из каморки зевая.

— Сведи-ка этого молодца в часть,— сказал ему офицер, указывая на мертво пьяного человека во фризовой шинели, без шляпы, который тащился за ним и никак не мог отыскать своего центра тяжести. При каждом шаге он спотыкался и, меря землю носом или вспоминая невинный возраст младенчества, двигался на четвереньках.— Веди, веди!

Пьяный. Помилуйте, за что-с?

Квартальный офицер. За пьянство и буянство и ночное шатание.

Пьяный. Ни в чем не причинен-с: маковой росинки во рту не было.

Квартальный офицер. Видишь, какая малиновка! Росою питается…

Пьяный. Извольте спросить-с хоть у кума Василья Мат-ве-и-ча-с: был у всенощной… у-у…

Квартальный офицер. Набожный человек, набожный человек! То-то, видно, ты помолиться орлу ломился в кабачные двери?

Пьяный. Вот из-воли-те видеть: кум Василий Мат-веич-с и говорит: «пойдем!»; я-те и сказал: «пойдем!» Пош-ли-с, ан нету.- Пожалуйте табачку-с!

Квартальный офицер. Куда конь с копытом, туда и рак с клешней!

Пьяный. Вы разве конный-с? У вас, кажется, не конный мундир…

Квартальный офицер. Разглядишь поутру. В сибирку его!

Пьяный. В сибирку-с? Не извольте обижать-с; я сам четырнад-ца-того класса.

Квартальный офицер. Сам? Покажи плакат! покажи плакат, говорю; по какому ты виду шатаешься? А, что, нету? Завтра все разберем. Четырнадцатого класса! Видишь, что выдумал! да, брат, ты лапчатый гусь; ты самозванец, ты сочинитель!..

Пьяный. За мной такого художества не водилось…

Квартальный офицер. Тащи, тащи!

Будочник. Изволь-ка подыматься на задние лапки, господин сочинитель; тебе еще не следует ездить четвернею!

Торжественное шествие удалилось, и я захлопнул окошко. «Вот тебе и содержание письма»,— подумал я; с друзьями нечего чиниться - присел и написал, что видишь. Я нарочно приклеил альманачное начало, чтобы заманить в чтение из любопытства, которое бы, может быть, бросил ты, несмотря на дружбу. Как гражданский чиновник, ты без сомнения скажешь, что будочник мой - с лоскутного своею философиею - очень смело возвышает воинское звание над прочими, что все звания в свете достойны уважения, и многое множество прекрасных вещей, которые в устах твоих обновятся и окрепнут. Я не спорю ни за его ум, ни против твоей правоты; я хочу только сказать, что не один он замешкался в Наполеоновом веке, не один он застарел в войнолюбии.

Что касается до выходки против женщин - я умываю руки. Это верх невежества - да чего и требовать от будочника! Жаль только, что он во многих книгах, которым поклоняется публика, может найти себе подкрепление. Не то же ли почти говорили древние философы? Не то же ли утверждают немецкие мыслители? Не так ли очертил Байрон прекрасную половину нашего пола в разговорах с Мидвином? Не мудрено дать щелчок этому смурому врагу дам - не досталось бы только носу какого-нибудь мудреца!

Друг твой и проч.

МЕСТЬ

Надо было обеими руками держать сердце, чтоб не упорхнуло оно встречу или вслед Надежде Петровне Зорич, когда она явилась на бал к австрийскому посланнику, помните, что давал он на минувшей масленице. Не смею сказать, что она была прелестнее всех, что ее туалет был свежее прочих. По крайней мере, когда черное море мужчин

154

расхлынуло перед нею, а цветник дам принял ее в свое радужное лоно, казалось, ропотная зыбь пролетела по волнам и с тем вместе ветерок закачал прелестными головками детей Флоры. Лучший тон слишком вежлив, чтобы вслух высказывать свои мнения,— но мужчины значительно менялись взглядами, а дамы гордо сжимали губки и чуть заметным движением ресниц указывали подругам на новую гостью, на опасную соперницу; одним словом, все ожило, все засверкало от пролета этого метеора, все: звуки, сердца и взоры! Худо скрытая досада и слишком явное одобрение доказывали, что Надина мила как нельзя более, а, по-моему, это стоит гораздо более многих прилагательных превосходной степени.

И в самом деле, от прически Элио до башмачка Соболева все было очарование в этом очаровательном создании. Как просто и мило коса, заплетенная венком, возникала над ее светло-русыми волосами, причесанными вгладь, а конец этой косы рассыпался гроздом кудрей с немногими цветками, не привитыми, а будто забытыми ненарочно. Тонкая золотая цепочка, работы воздушных фей, бежала по двойной дорожке, проложенной гребенкою художника, и смыкалась на высоком лбу красавицы фероньеркою из трех грушевидных жемчужин; они мерцали, они дрожали на опаловом шатоне. Серьги вились змейками с изумрудными чешуями, впивались в розовые ушки и, казалось, нашептывают ему обольстительные повести, учат дивным хитростям. Два фермуара на ожерелье... Да мое ли дело толковать о драгоценных украшениях? Пускай ее свирепствует мода обвешивать себя алмазами, как на продажу. Пускай эта мода украшает невест всею прелестью расчета мнимых количеств. Надина не была уже невестою, а для меня эти многоценные замки над скрытыми прелестями все равно, что чугунные замки над несметным сокровищем,- рождают во мне одно желание - сломать и сбросить их долой. Да и кто из самых корыстолюбивых баронов остзейских провинций стал бы ценить украшения, глядя на эти карие с поволокою глаза, которые словно тают огнем неги; на эти губки, с которых хочет сорваться поцелуй, на эти щечки с улыбкою утра, с жаром полудня! Я не смею и заговаривать об этих полненьких, пухленьких румяных плечиках, с которых скользят рукава... про эту искусительную ножку, которая напрасно прячется в атласный башмачок!.. Не смею, потому что у меня в глазах роятся звезды и занимается дух, вспоминая об одних плечиках: я б в них выцеловал ямочки, если б там их не было прежде! Или об одной маленькой миленькой ножке - вообразите, что она вся укладывалась на моей ладони - и столько, столько раз была согрета моим дыханием!.. Вот почему ненавижу я коварные башмаки Соболева и спадающие рукава мадам Сихлер. Эта обувь, этот покрой платья -

155

изменники: они или обличают вам то, чего не стоит видеть, или напоминают то, чего уж вам не видать.

Да и одни ли плечики Надины могли свести с ума любого из платонических мудрецов, искусить самого постного из отшельников мира? Один уже стан ее, который можно было два раза обвить руками, одна уже грудь ее, которой могла бы гордиться шестнадцатилетняя девушка; грудь как заря, чуть подернутая кружевным туманом; как волна перекатная, что падает, возникает, прыщет вешнею свежестью и манит каждого, как Гетева рыболова, утонуть в заветном своем лоне! Вы бы сказали, что платье ее выткано ветром юга из облаков и лучей. Вы бы подумали, что цветок, приколотый на левой стороне, пробился сквозь снег газа прямо из ее жаркого сердца! Прибавьте к этому приемы, наречие и все маленькие дарования лучшего общества, в котором она росла и расцвела. Прибавьте к этому угад людей, довольно тонкий, чтоб ценить их по достоинствам, но еще недовольно опытный, чтобы презирать по заслугам. Прибавьте к этому нрав живой и чувства, жадные впечатлений совсем не по наущению дерзкого, беспокойного ума, а по собственной наклонности, совсем не из любопытства узнать, а из необходимости почувствовать. Она разрешила загадку жизни и цель бытия словом «наслаждайся!» словом, которое насилу отрыли мы из пыли архивов, из тисков опыта, из-под корней вековых дубов и костей допотопных животных. Слово, за которое платили мы кусками сердца, годами жизни, спасением души!.. и которому выучиваются женщины вдруг, набело, по вдохновению, в открытой академии природы, а не под копотными сводами университетов. Не на скамье школьника и не на доске труженика, а в вихре танцев, а на бархатной подушке дивана.

Правду сказать, что ни философам, ни дамам не открылось при этом гениальном изобретении безделицы: «как и сколько?» Но тем не менее Надина была из числа самых пленительных обитательниц Петербурга, из числа тех немногих северных женщин, которые носят сердце под корсетом, а не под шляпкою. Под венец всех таких прелестей ей было не более 20 лет, и она уже два года, и только два года, была женой, женой ближнего!

Вполне ли вы чувствуете магнитную силу обручального кольца, центровлекущую силу женщины, оправленной в заветное местоимение «моя»?

Если нет, значит, вы крещены в рюмке мороженого или десять лет прожили в Тифлисе. Так, по крайней мере, не думал ни один из молодых корифеев бала и всех менее капитан конных гренадер Змеев.

Надина произвела на него в этот вечер необыкновенное впечатление; ему казалось, что она сейчас родилась для любви и поклонения света. Он дивился, как до сих пор не вспало ему на ум приволокнуться за такою свежею красотою, которая, кроме супружеской заветности, очерчена была еще более заветным, стало быть, еще более заманчивым, кругом любви к лучшему его другу Платону Радову.

«Княгиня Софья надоела мне своими притязаниями на безусловное рабство,— думал он,— мое тридцатое июля недалеко, а там к чьим стопам положу я свою железную корону? Надо попытать счастья в Надине... она так еще пылка, так прекрасна, притом, какая слава выбить из ее сердца Платона!.. Правда, Платон человек недюжинный, и страсти, им внушенные, не пламя соломы; Надина любит его без памяти... Но разве она не женщина? разве не два уже месяца, как он в отлучке, а и десятой части этого времени слишком, чтобы испарить самую постоянную из светских страстей. У женщин чуть долой с глаз, вон из сердца, и тот вечно виноват, кого здесь нет. Но чем же виноват передо мной Платон? Чем, кроме своей доверенности? Впрочем, не лучше ли взять урок в познании женщин от друга, чем от какого-нибудь негодяя? По крайней мере, ему останется утешенье, что эта жемчужина досталась в руки достойного наследника!»

И Змеев встал с видом человека, готового на приступ.

«Почему знать,— говорил он сам себе, охорашиваясь,— может статься, Надина сделает мне радостный сюрприз и отправит на траву своим отказом. Каких чудес не бывает в свете, каких причуд в женщине?.. Во всяком случае подкоп под счастье друга - премилое развлечение».

И пусть тот, кто пил молоко и вино света, подымет камень на своего брата, на своего товарища! Книжники и фарисеи, неужели думаете вы, что здравость ваших речей уничтожает заразу вашего примера? Шейте из красных слов себе епанчу, из-под ней всё будут видны козлиные ноги. Кричите против развращения нравов, но знайте, что этим вы только докажете чужую вину, а не правоту свою.

Не хуже другого видел Змеев, что хорошо, что худо. Но, делая доброе, он не хвалился им; делая зло, не скрывал его под личиной незнания. нем осталось сознание всего высокого, всего прекрасного в других, но нисколько силы, чтобы осуществить это самому. Честолюбивая деятельность без решимости на труд поглощена была светскою ничтожностью, обратилась в какое-то лихорадочное беспокойство всюду кидаться и всего отведывать. Иступив свои чувства прежде крепости, иссушив сердце ранее полноты, он жаждал обновить их новыми ощущениями, окунуть в источник молодости, хотя бы он кипел кровью или крепкою водкою, хотя бы туда нужно было бросить честь женщины и счастье друга. И все это готов был сделать он без малейшей злобы; скорее по моде, чем по собственному убеждению,- но хотя раб моды во мнениях, навеянных из Парижа, он был властелином ее в мелочах петербургского военного дендинизма. Султан его решал участь всех австрийских и польских петухов на целую зиму, смотря по длине перьев, пущенных в славу. Эполеты а la Zmeyoff продавались пятью рублями дороже прочих. Его визитные карточки служили образцом вкуса и почерка, даже фасон его дрожек и набор в хомутах бывали предметом толков и подражаний для гвардейских офицеров. Не говорю уже об его уменье войти и поклониться, начать и разорвать кстати разговор, тянуть или закруглять приятно звуки — все уловки, которые менял он ежемесячно, чтобы сбить с толку своих подражателей.

И в этот вечер Змеев был одет, как всегда сохраняя la juste milieux[121] между изысканностью щегольства и неумолимостью формы. Мундир его позволял себе кое-где живописную складку и так же далек был от лощеной новизны прапорщика, только что выпущенного из школы юнкеров, как и от поблеклой небрежности усача, засевшего в ротмистрах. Перчатки его белели как серебро; серебро сверкало как хрусталь. Никаких затей в плетенках эполетов, никаких цепочек на груди — этих гремушек, столь любимых пехотными франтами! Одним словом, в одежде, в поступи, в речах его было заметно

Слиянье бранной простоты С непринужденностию светской, И без французской суеты, И без недвижности немецкой.

И между тем Змеев в душе смеялся своим успехам, потому что самолюбие не погасило в нем самосознания.

«Как мало надобно свету, чтобы попасть в образцы, и как мал, как мелочен этот свет, когда такие образцы его чаруют!» — думал он, пробираясь с гордою скромностью в гостиную на поклоны. «Если хочешь, чтоб люди тебе верили, кажись, будто ты им веришь, а главное — презирай их как возможно учтивее».

Вы видите, если б одна хитрость решала производство в английские министры, Змееву не далеко бы махнуть в Веллингтоны. Жаль, право, что он до сих пор шпорит только лошадей.

И бал уже клонился к западу. Уже вечерним светом мерцали свечи. Шары ламп лили матовый блеск на огнедышащие груди, на томные лица танцующих. Усталая музыка растягивала ноты; ножки не летали, а шаркали по паркету. Крахмал и помада изменяли, ленты и кудри падали развитые, смятые,— был недалек уже решительный миг, когда все единодушно, хотя безмолвно, сознаются, что пора поужинать или пора заснуть. Миг, в который червонцы гремят на столах виста, когда слух кавалеров охотнее ловит звуки тарелок в соседней зале, чем кудрявые фразы своих дам, а веперы дам совершают частые путешествия к губкам, несмотря на любезность кавалеров.

---

[121] золотую середину (фр.).

Со всем тем час — предтеча этого перелома — самый счастливый час для молитвы сердец. Вначале, покуда, блестя красотою и властью, дама принимает первый привет от зеркала передней, покуда надежда на победы свежа у ней, как букет цветов, поднесенный ей при появлении в зал, покуда еще шесть контрдансов и две мазурки вьются и сплетаются пред ней в будущем, с орденскими лентами, с канителью эксельбантов, с цветами золотого шитья, покуда тщеславие ее зыблется на пуху белых султанов, играет с лучами коварных звезд,— о, тогда для нее нужны целые хоры похвал, целые толпы поклонников. Одинокий голос не отзовется у нее в сердце; одинокий взор не проникнет туда! И может ли быть оно иначе? При начале красавица слишком занята желанием выказать свой наряд или расщипать глазами чужой. Желанье заполонить общее внимание и страх не успеть в этом поглощают ее с душой и с сердцем. Никогда опытный остроумец, ни опытный волокита не изберут этой поры одинокого эгоизма для лестного привета или пламенного объяснения... его не оценят тогда, потому что не почувствуют, а не почувствуют, потому что не заметят. Дайте поле новичкам в любви и в свете; дайте им показать свои эполеты и жилеты; позвольте им выстрелять свои застарелые комплименты и новопривезенные остроты... выдержите молча и хладнокровно кокетство и наездничество без цели - и будьте уверены, что в течение двух часов самолюбие дам будет пресыщено; любопытство утомлено; ум соскучен пошлостями... холостая перестрелка эта станет редеть, умолкать!., хорошенькие глазки найдут вас где-нибудь в уголку; миленький голосок назовет по имени - тогда, о, тогда час ваш настал!

Поздно приходит к дамам рассудительность, однако приходит, и они постепенно склоняются от собирательных имен к собственным, от множественного числа к единственному. Души их расплавляются наконец в аристократической атмосфере бала, напоенной благовониями и вздохами. Сердца, будто райские птички, напорхавшись вдоволь, ищут отдыха на руке какого-нибудь счастливца.

Счастливцы иль, по крайней мере, искатели счастья! Ловите же этот час на лету! Отцвет бала - все равно что отцвет женщины, все равно что ее тридцатилетний возраст. обоих случаях она становится необыкновенно чувствительна - она ярче, она жарче вспыхивает перед прощаньем. Ангел луч за лучом сбрасывает свое сияние, свивает крылья и удостаивает ступить на землю, удостаивает раскрыть сердце своё земным чувствам, семенам всего прекрасного и опасного.

Змеев знал эту стратегию, конечно, не хуже моего; и вот почему только вскользь бросил две или три ракеты приветствий Надине, когда она приехала; но явился перед ней с требованием на пятый французский кадриль уже в то время, когда мраморные стены и зеркала потускли и тщеславие женское по необходимости должно было искать отражения в глазах своего партнера.

— Может быть, Надежда Петровна удостоит взглянуть на свои таблетки,— сказал он почтительно.— Я жду, как нежившая душа, своего призыва к жизни!

— Нежившая или отжившая, капитан, во всяком случае вы можете быть уверены, что мне не нужно прибегать к воспоминаниям из слоновой кости, когда дело идет о вас. Я думаю даже, что, если б мне случилось ошибиться в очереди, конечно, не вы бы в этом проиграли.

— О, конечно, не я, сударыня! Впрочем, я слишком совестлив для желания вам проигрыша!.. Итак, пусть старшинство решит производство в счастливцы — точно ли мне предназначена эта четверть часа?..

— Вам, капитан, вам, по праву и по воле,— отвечала Надина, подавая ему нераскрытые таблетки.— Убеждены ль вы теперь, господин маловерный? — примолвила она, вставая и ласково опершись на его руку.

— Тысячу извинений, сударыня! Я так мало избалован счастьем, что ему всего менее верю.

И хитрец выискал для vis-a-vis чуть ли не самого плохого танцора, а уж даму его можно было назвать живою антитезою красоты — и все это для того, чтоб ярче выказать прелесть Надины и собственную ловкость. Змеев повел атаку не хуже Карно и Кормонтеня, если бы Карно и Кормонтень занимались осадою слабостей вместо осады крепостей.

— Первой параллели надо быть забавным,—говорил он,— во второй - занимательным, в третьей - трогательным и только в решительный час демаскировать брешь-батарею. Приступы в наш век — самый глупый анахронизм: при удаче вся слава отдана силе, а не уменью; при неудаче — стыд, и нет возврата! То ли дело капитуляция: поспорят, погрозят — и обе стороны довольны!

Надина была большая охотница посмеяться, и, конечно, никто лучше Змеева не сумел бы насказать более забавных замечаний и эпиграмм в краткие промежутки между шассе и балансе. Началась бесконечная мазурка, и полувлюбленный капитан уселся рядом с Надиною, поневоле уступив сердечную ее сторону танцующему с ней кирасиру. Скрестив руки на груди, молча устремил он на нее глаза свои, и молчание его было одним из самых лестных его приветов.

Румянец удовлетворенного самолюбия разгорался на милом личике Надины от конгревовских взоров соседа.

— Вы не танцуете? — сказала ему она, поправляя свое оплечье, чтобы иметь предлог взглянуть туда, куда уж давно прильнуло ее внимание.

Капитан склонился над кругленьким плечиком Надины так, что его дыхание зашевелило кружева оборки так, что за несколько лет тому назад подобным положением напрашивались на разрыв с дамою своих мыслей или на дуэль с мужем ее и компрометировали бы даже собственную жену - Autres temps autres soins![122] то время как мы юными французскими фразами браним юную словесность, жены наши (слава богу: не мои) вводят в моду совершенно райское обхождение — un laisser faire, un laisser aller[123]; достойный остров Тихого океана.

— У меня недостало дерзости уморить со скуки даму, которая бы в забытьи от бога и добрых людей решилась со мной на мазурку — отвечал Змеев. Когда не мне выпала доля танцевать ее с вами, слишком жестоко было бы требовать жертвы танцевать ее с другою. «Все или ничего» - надпись моего щита, сударыня.

— Как вы добры к той, которую не выбрали! Как злы для всех, которых собрали в одно слово, чтобы всех уничтожить одним словом! Впрочем, я хорошо понимаю ваш расчет, капитан. Вы хотите служить при этой мазурке волонтером, чтобы, не имея никаких обязанностей, пользоваться всеми выгодами. Посмотрите, если полная красавица Лелеева не выберет вас...

— Неужели она хочет обмануть? Так ли глядит она, чтоб обманывать?

— Может быть, она хочет быть обманутою.

— Нет-с, этого не может быть, сударыня, даже и этого... Но она в самом деле катится на меня!..

— К вам, капитан; да, вам эта чаша здравия, увитая цветами, как на греческих пирах...

— О, да мимо идет чаша сия...— вскричал Змеев, комически всплеснув руками.

— Будьте миловиднее, кажитесь бодрее, идучи на казнь.

— Если б вы приняли мою исповедь, если б вы напутствовали меня, я бы сложил мою голову героем,— сказал Змеев, натягивая перчатку и извиняясь поклонами перед избравшей его дамой. — Grace donc, ou coup de grace![124]

Он медленно, мерными шагами возвратился на свое место.

— Теперь я — покойник, сударыня, — молвил он,— отныне вам грех будет говорить или думать обо мне что-нибудь дурное.

— Я сбираюсь написать вам эпитафию, капитан.

— Бесконечно обязан за честь! это хоть кому даст желание убраться на тот свет как можно скорее. Со всем тем, ради бога,— прочь эпитафию!

---

[122] Другие времена, другие заботы! (фр.)

[123] вседозволенность, попустительство (фр.).

[124] Смилуйтесь или добейте! (фр.)

161

Лучшая из них — лесть, а лесть — одна из граней лжи. Какая ж радость обманывать после смерти!

— А, так вам радостно обманывать во время жизни? Очень благодарна вам за эту искренность того света! Я, однако ж, в этом свете ею воспользуюсь.

Разговор прерывался каждый миг. Змеев проклинал докучных дам и кавалеров, вместе с безвременными их выборами, и не скрывал этого от своей миленькой соседки.

— Вы неблагодарный,— сказала она.— Эти частые призывы должны льстить вашей любви к самому себе.

— Но знаете ли, сударыня, что истинная любовь уничтожает всякую другую? Пусть вы сочли бы меня за чудовище самолюбия; пусть бы я стал им в самом деле — однако ж и тогда я не променял бы радости сердца на удовольствие ног. Вот почему те дамы, которые выбирают меня, конечно, делают мне честь; но, признаюсь, те, что меня обходят, делают мне милость,— мало этого, благодеяние.

— Вы можете быть убеждены, что вперед я не выберу вас ни разу.

— Лишь бы мне оставаться близ вас, слушать вас, любоваться вами!.. Странная вещь, сударыня, когда я вижу, как вы порхаете в танцах, во мне вспыхивает желание: быть вам волной морскою, которая вечно играет с ветром и светом. Когда ж слышу сребристый певучий голос ваш, я бы хотел назвать вас райскою птичкою, чтобы иметь отговорку прослушать вас целый век — и не очнуться!

Надина с лукавым удивлением раскрыла глаза.

— Да это чистейшая чувствительность, капитан! Это жемчугом низанная поэзия Востока! Вы, право, станете для меня «знакомым незнакомцем»! Вы ли это, холодный, насмешливый капитан Змеев?

— Капитан и кавалер, сударыня! Кто ж виноват, если порой воскресают в нас чувства неведомые или давно забытые. Кто?.. Знаете ли, верите ли вы, что есть особы, отмеченные небом: они скажут вам слово, подадут руку в танцах, взглянут мимолетом — и вы сердцем постигаете, что поэзия не выдумка. Что-то занывает, закипает в груди и пробивается наружу...

— Очень знаю и крепко верю, капитан. Но в таком случае поэзия не спрашивает у памяти своих вдохновений. А то, что вы сказали теперь, было из памяти — не из сердца. Вы, который так хорошо умеет говорить премилые, преострые вещи, когда дело идет на приветствия,— зачем занимаете вы в долг наречие чувства? Где-то и давно читала я это... это так старо!..

— Так старо, что на очереди сделаться новым. Да и вольно ж было господам сочинителям высказать ранее меня то, что я чувствую. Впрочем, сравнение, которое так вам к лицу,— взято у моего приятеля Марлинского. Он порой щечится от меня острым словцом. Я, в свою очередь, потаскиваю из него фразы, и оба не внакладе. Что за дележ между приятелями,— прибавил он с злою улыбкою.— Слова «твое» и «мое» должны быть изгнаны из дружбы!

— самом деле, капитан? самом ли деле вы так думаете? Довольны ли будут друзья ваши подобною сделкою?

— Если нет, тем хуже для них.

— Я бы желала, чтоб княгиня Софья слышала ваше мнение!

И она, гордо вздернув носик, подала руку тому, кто спросил ее: «Какое угодно вам будет выбрать для себя качество вместо имени?»

— Неделимость! — сказала она, бросив значительный взгляд на Змеева.

«Эге, душенька...— подумал Змеев,— да это никак зачатки ревности, ну, так будет прок! Неделимость! гм... хорошо, я — добрый малый, госпожа Неделимая, я, пожалуй, возьму вас себе целиком, не выделяя ни одной частички ни вашему благоверному супругу, ни моему легковерному другу. Неделимая... Это и затейливо, и оригинально, жаль только, что не совсем справедливо. Да, впрочем, где теперь найдешь справедливость! Называет же князь Борис жену своею любезною половиною, а в ней не принадлежит ему и сотой доли!»

Надина воротилась на свое место, но не удостоила разговором Змеева: она, как говорится, на него дулась.

Кавалер ее подал знак жизни несколькими словами, однако, подобно тающему в зимний петербургский полдень желобу, журчание его замолкло в минуту.

Какая-то неведомая грусть отяготела над Надиною: она сидела безмолвно, склоня голову; взоры ее упали долу. Мечтала ли она о том, кто далеко, или хотела заставить мечтать того, кто близко? Было ли то глубокое чувство разлуки, доступное душе самой светской женщины, или только игра кокетства, траурный наряд, дающий такую неотразимую прелесть лицу. Китайское опахало ее скользнуло из невольно распущенной ручки и давно было поднято Змеевым. Два раза подводили ей на выбор кавалеров и два раза миновали ее с лукавою улыбкою... казалось, она никого не видала, ничего не слышала. О, как очаровательны бывают женщины в минуты такой невольной грустной рассеянности, такого уединения посреди блеску и шуму света! Хочется тогда подкрасться к ним на цыпочках и на коленах прислушаться к их дыханию, к бою сердец!.. разгадать тайную думу по летучему румянцу щек, по содроганию ресниц и губок предугадать в ней приговор собственной судьбы.

Что-то юношеское, что-то бывалое встрепенулось в груди Змеева. Ему показалось, будто он чувствует, что недавно сказал он, и, всего страннее,— он этому поверил, он, который не верил даже в себе ничему хорошему. Не надолго, однако ж; природа поборола привычку.

«Любить мне, и не шутя любить? да это достойно будет тех блаженных времен, когда любезники изъяснялись песнею: «Я не скажу тебе люблю, всеобщей моде подражая!» — времен, когда еще велась подстольная страсть сапогов к башмакам! Женщины — существа шаткие по природе и тщеславные по воспитанию: вот две дороги к обладанию ими. Но так как им приятнее обманывать, чем обманываться,— что я за глупец поддаваться, когда могу распоряжать? Пушкин недаром сказал:

Чем меньше женщину мы любим, Тем больше нравимся мы ей...—а я хочу понравиться Надине и нравиться во что бы то ни стало. Как ни бойка она, как ни начитанна рассказов своих многоопытных подруг, которых не надуешь вздохами да слезами на розовой воде или объяснениями на розовой бумажке,— со всем тем сердце у двадцатилетней женщины, наверно, мягче головы... Несгораемых я бил картечью остроумия, эту надо зажечь калеными ядрами чувства».

И яркие глаза его впились в Надину. Я уверен, что женщина чувствует даже во сне, не только в задумчивости, струю взора, наэлектризованного страстью.

Надина вздрогнула, прежде чем Змеев произнес над ухом ее, почтительно подавая веер:

— Вы его уронили!

— Благодарю вас. Но скажите правду хоть один раз в жизни,— вы, верно, смеялись про себя моей неуместной задумчивости?

— Задумчивости? Скажите, какой я недогадливый, я ведь думал, что благодаря нашему любезному соседству вы просто дремали, а я очень уважаю крепкий сон — признак чистой совести. Нет, Надежда Петровна, я был далек от насмешек, глядя на вас. Я, напротив, горько жалел, что не живописец. Будь я Брюллов или Кипренский, я бы написал с вас спящую «Душеньку» на диво всему свету. Да вы спите с открытыми глазами до сих пор — и я уверен, что все мы кружимся и проходим перед вами, как сны!

— Что же вся жизнь наша, что люди, в особенности что такое вы, мужчины, как не обманчивые сны? — сказала со вздохом Надина.

— А верите ли вы снам, сударыня?

— Верю, когда они не льстят мне.

— Так я очень рад, что вовсе не похож на льстивый сон, сударыня! Вглядитесь в меня хорошенько и сознайтесь, что я сегодня грозен и мрачен, как самый страшный, самый зловещий сон полночного царства. И этот сон вещует беду вашему сердцу, сударыня,— и в этот раз я не шучу, сударыня!

Надина пристально посмотрела на Змеева — но лицо Змеева в самом деле выражало какое-то печальное чувство, какое-то искреннее участие. Она отворотилась,— как будто могильный ветер дунул на нее.

— Я не люблю зловещих снов,— сказала она,— я стараюсь забыть их, если вижу.

— Прежде чем забыть, надо разгадать их; а прежде чем разгадать, надо их узнать. Впрочем, грех бросать черные тени на яркую картину бала. Спите сном счастья, сударыня. Самые запоздалые худые вести приходят всегда слишком рано.

Любопытство Надины затронуто было за живое. Опасения ее проснулись... она знала, что Радов очень дружен с Змеевым, что они живут вместе... Двойная мысль, не сталось ли чего-нибудь с Платоном и не рассказал ли он чего-нибудь своему товарищу, как двойное жало змеи, кольнула ее в сердце. Но ей не хотелось выказать этого, а Змеев, раз уклонившись от предмета, ускользал из рук побочного вопроса.

Положив следок на следок, он хладнокровно поигрывал ключиком часов и отрывчатыми фразами отвечал на слова Надины.

— Вы спрашиваете, как мне нравится туалет княгини Полянской? очень блистателен! жаль только, что он измят еще при варшавском приступе. Зато наряд генеральши Кнокс, без метафоры, свежее весны — в Якутске. Никто не скажет, чтобы на ней малейшее украшение, кроме ее улыбки, пережило два бала. Но ее вечная улыбка!.. Боже мой, скоро ли она износит эту улыбку!..

— Скажите ей это на ухо и будьте уверены, что она, по крайней мере на четверть часа, забудет усмехаться. Но оставим дам в покое. Не правда ли, что кавалер, с которым я сейчас танцевала, был бы...

— Пленителен, если б его создал бог, а не портной, хотите вы сказать? я с вами согласен. Англии хотят воздвигнуть монумент механику Ватту; у нас на Руси следовало бы воздвигнуть памятник вате.

СПИСОК

www.ingramcontent.com/pod-product-compliance
Lightning Source LLC
Chambersburg PA
CBHW020654260626
47157CB00008B/3022